普通高等教育交通运输类专业系列教材

微观交通仿真理论与实训

主　编　周晨静
副主编　张　蕊
参　编　刘思杨　林子赫
主　审　吴海燕

机 械 工 业 出 版 社

本书以交通工程专业理论为基础，以 VISSIM 仿真软件为载体，旨在通过 6 次实践教学，全面提升读者的微观交通仿真理论水平和实践能力。全书共分为 3 篇 7 章，各章节前后紧密衔接，试验设计与理论知识相互对应，言简意赅，重点突出。第 1 篇为微观仿真基础知识，主要内容包括：概论、微观交通仿真系统。第 2 篇为微观交通仿真实践流程，主要内容包括：数据采集、搭建仿真模型、微观仿真模型检验与标定、方案运行与报告梳理。第 3 篇为微观仿真实训，主要内容包括：车道宽度对路段通行能力的影响、车道数量对路段交通流运行的影响、车辆期望车速对车道通行能力的影响、车辆跟驰行为参数对路段交通流运行的影响、信号交叉口仿真参数敏感性分析、城市客运枢纽落客区车位数量设计仿真研究。

本书可作为交通工程专业本科生的教材，也可供其他相关专业学生及行业从业人员参考。

图书在版编目（CIP）数据

微观交通仿真理论与实训/周晨静主编. —北京：机械工业出版社，2020. 1（2024. 1 重印）

普通高等教育交通运输类专业系列教材

ISBN 978-7-111-64202-2

Ⅰ. ①微…　Ⅱ. ①周…　Ⅲ. ①交通系统 – 系统仿真 – 高等学校 –教材　Ⅳ. ①U491. 2 – 39

中国版本图书馆 CIP 数据核字（2019）第 263100 号

机械工业出版社（北京市百万庄大街 22 号　邮政编码 100037）
策划编辑：林　辉　　　　责任编辑：林　辉　舒　宜　刘丽敏
责任校对：孙丽萍　陈　越　封面设计：马精明
责任印制：邓　博
北京盛通数码印刷有限公司印刷
2024 年 1 月第 1 版第 2 次印刷
169mm×239mm · 8. 5 印张 · 162 千字
标准书号：ISBN 978-7-111-64202-2
定价：34. 80 元

电话服务　　　　　　　　网络服务
客服电话：010-88361066　　机 工 官 网：www.cmpbook.com
　　　　　010-88379833　　机 工 官 博：weibo.com/cmp1952
　　　　　010-68326294　　金 书 网：www.golden-book.com
封底无防伪标均为盗版　　机工教育服务网：www.cmpedu.com

前　言

　　交通仿真技术是交通工程专业的工程科学研究及实践的常用技能之一，是交通工程专业知识与计算机模拟技术融合发展的应用成果，更是一套复杂的知识体系。交通仿真技术并非独立存在的技术手段，它需要与交通工程专业理论和数据统计分析方法相互融合才能发挥最大效用。本书的核心理念是以仿真技术学习来促进读者对交通专业知识体系的理解；以仿真技术应用促进数学知识在交通专业学习中的应用，强化大学整体知识体系的构建与一体化发展。

　　本书以交通工程专业理论为基础，以 VISSIM 仿真软件为载体，旨在通过 6 次实践教学，全面提升读者的微观交通仿真理论水平和实践能力，培养具备一定研究和分析能力的人才。全书分为 3 篇 7 章，各章节前后紧密衔接，试验设计与理论知识相互对应，言简意赅，重点突出。

　　第 1 篇（第 1 章、第 2 章）为微观仿真基础知识。第 1 章介绍了微观交通仿真技术及其发展，系统地阐述了微观交通仿真分析的流程；第 2 章按照系统仿真—交通系统仿真—微观交通系统仿真的顺序，介绍微观交通仿真系统的组成要素及逻辑过程。

　　第 2 篇（第 3~6 章）为微观交通仿真实践流程。第 3 章介绍了数据采集的内容和方法，重点介绍了几个主要的调查指标；第 4 章介绍了 VISSIM 仿真模型搭建的一般性步骤；第 5 章介绍了模型标定的内涵、内容、方法和步骤，分析了国内外模型标定的差异；第 6 章介绍了微观仿真工作的实践应用环节，主要包括目标时段交通需求预测、形成交通仿真方案、选取运行评价指标、运行仿真模型、整理仿真结果、评价交通仿真方案等内容。

　　第 3 篇由 6 个微观交通仿真实验组成，分别为车道宽度对路段通行能力的影响、车道数量对路段通行能力的影响、车辆期望车速对车道通行能力的影响、车辆跟驰行为参数对路段交通流运行的影响、信号交叉口仿真参数敏感性分析、城市客运枢纽落客区车位数量设计仿真研究。

　　本书是北京建筑大学 2019 年校级教材建设项目立项建设教材，可作为交通工程专业本科生的教材，也可供其他相关专业学生及行业从业人员参考。教师在开展实验教学工作中，建议先行讲授微观仿真软件基础操作，即先从第 2 篇入手，再讲授第 1 篇内容，更能达到较好的教学效果。

本书由北京建筑大学周晨静担任主编，张蕊担任副主编，刘思杨、林子赫协助主编完成了书稿的校订工作。北京建筑大学吴海燕教授在百忙之中对本书进行了认真审阅，提出了许多宝贵意见和建议，使本书得到了进一步完善。在此表示衷心的感谢。书中部分图片有彩图，读者可登录机工教育服务网下载，或致电读者服务热线索取。本书内容均为教学及实践的总结，不足之处在所难免，欢迎读者批评指正。

编　者

目　录

第 3 篇　微观仿真实训

第1篇

微观仿真基础知识

第 1 章 概 论

仿真就是对真实世界进行的数学或逻辑的模拟。微观交通仿真是利用计算机技术对单个车辆或行人运动进行建模，可以复现交通流的时空变化，为进行交通问题研究及交通道路规划、设计提供技术依据；可以对各种交通影响参数进行分析和评价；也可以对交通系统对其他社会系统的影响进行评价。同时，微观交通仿真能够以动画的形式直观地表现车辆在路网中的运行情况，使路网中车辆异常运行行为及瓶颈路段一目了然。交通仿真逐渐成为交通工程研究与应用人员测试和优化各种道路交通规划、设计方案，描述复杂道路交通现象的一种直观、方便、灵活、有效的交通分析工具。

随着交通仿真技术的广泛应用，仿真模型的准确性、可靠性以及仿真软件使用的规范化越来越受到交通专业领域的重视。目前，我国在交通仿真评价分析技术的应用方面还缺乏系统的规范和指引，模型校准和验证在当前的交通仿真分析中比较容易被忽视，这将直接影响仿真评价分析的结果。

本章针对运用微观交通仿真软件进行交通分析时遇到的问题，系统地阐述了微观交通仿真分析的流程。仿真流程包括六个步骤：确定研究目的和范围、数据采集、搭建基础模型、仿真模型检验与标定、交通方案分析和形成仿真报告，涵盖了从微观交通仿真开始到结束的各个方面。微观交通仿真分析流程如图 1-1 所示。

1. 确定研究目的和范围

确定仿真研究目的和范围是仿真研究的首要工作，是确定其他仿真工作指标的前提，其主要任务是梳理分析研究项目，以便对项目有宏观性的把握。其主要内容有确定研究目的、研究范围、选择仿真模型及估计工作量。

2. 数据采集

微观仿真研究需要大量的基础数据用于仿真模型的标定及仿真方案的评价。一般情况下，仿真研究人员需要收集数据有以下几种：

1）道路几何参数（长度、车道数、转弯特征等）。

2）控制参数（交通控制措施、信号配时方案等）。

3）交通需求量（交通流量、交通组成、交叉口转向比例、车辆出行 OD 等）。

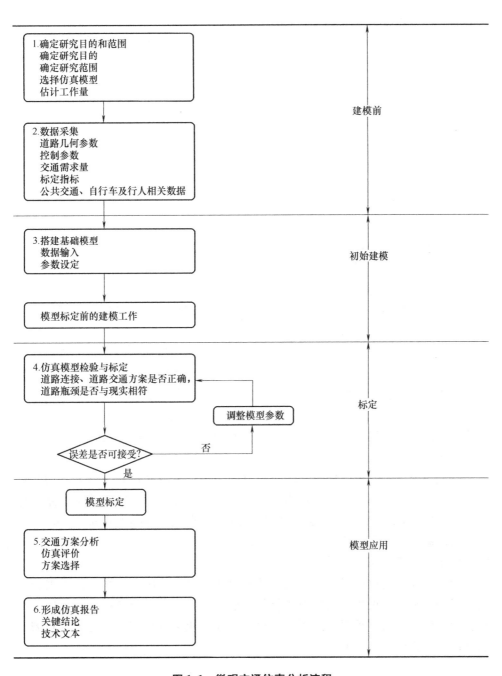

图 1-1　微观交通仿真分析流程

4）标定指标（通行能力、行程时间、行程车速、排队长度、延误等）。

5）公共交通、自行车及行人相关数据。

在数据采集过程中，需要仿真研究人员制定好完善的数据采集方案，保证指标参数采集的时间有效性。比如道路通行能力、几何参数等一般是固定不变的，可以同其他参数分开采集；而车辆行程时间、行程车速、排队长度等指标与交通流量、车辆组成等指标有着很强的相关性，需要相互匹配。

3. 搭建基础模型

搭建仿真模型是仿真研究的核心。仿真研究人员需要具备交通工程专业的基础知识，熟悉仿真软件的操作，了解道路交通的组织及控制方式才能很好地完成该部分工作。一般情况下，仿真研究人员可以通过以下四个步骤完成仿真模型搭建工作：

1）搭建仿真路网（基础设施）。

2）设置控制规则（交通控制）。

3）设置车辆运行参数（驾驶行为）。

4）设置交通输入量（需求输入）。

4. 仿真模型检验与标定

仿真模型检验与标定工作的目的是保证仿真研究人员所搭建的路网仿真模型能够真实描述现实交通运行状况。

首先需要检查微观仿真模型搭建工作的准确性，包括道路连接、道路交通组织方案是否正确道路瓶颈点是否与现实相符等基本问题，然后进行仿真模型的标定工作。仿真模型的标定工作是通过调整微观仿真软件中的一系列仿真参数，使得微观仿真模型中车辆运行行为与现实交通流车辆运行行为相符。仿真模型标定是仿真过程中的关键步骤，没有进行标定的仿真模型不具有研究价值。

5. 交通方案分析

一般情况下，微观仿真模型的应用目的是对现有或者规划交通方案的分析与评价。交通方案的分析与评价需要一定的基准对比条件，限于我国道路通行能力研究的不足，通常采用《美国道路通行能力手册》（Highway Capacity Manual）里规定的服务水平及通行能力作为研究基准。

6. 形成仿真报告

针对不同的用户可以提交不同的仿真报告。通常情况下，微观仿真报告分为技术报告和方案报告。技术报告供仿真研究人员使用，应务必保证数据的准确性及工作流程的可重复性；而方案报告往往供决策人员使用，更多的是需要方案的评价指标及仿真关键结论。

第 **2** 章 微观交通仿真系统

微观交通仿真以微观车辆运动模型为基础，通过考察交通流中单个驾驶人和车辆及其相互作用特征来描述交通系统的状态。本章按照系统仿真——交通系统仿真——微观交通系统仿真的顺序，讲述微观交通仿真系统的组成要素及实现微观仿真系统的逻辑过程，以便更好地应用微观仿真软件。

2.1 系统仿真

系统是指相互联系相互作用对象之间的有机结合，常见的系统有机械系统、电气系统、水力系统、声学系统等工程系统，也有社会系统、经济系统、交通系统、管理系统等非工程系统。系统仿真则是模拟现有系统或未来系统运行状态的一种技术手段。

系统仿真研究的目的在于对现有系统或未来系统的行为进行再现或预先把握。当我们需要了解某一系统在特定条件或环境下的运行状态时，如果将该系统置于该特定条件或环境下，对系统本身进行完整的实际运行，可以得到系统的运行特性和主要参数，但是这往往需要付出较大的代价。而正在设计阶段的系统，比如规划的道路网系统、设计的交通改造方案等则根本无法进行系统的实际运行。所以，对系统进行仿真研究，在不需要现有系统参与或未来系统存在的情况下，利用仿真模型进行仿真试验，通过对仿真结果的分析、对比和评估来获得系统的行为表现，是一种具有实用价值的科学方法。

例如，实验室环境下的科学试验、生产过程的试运行、在模拟驾驶器上培训机动车驾驶人等，都是根据与真实系统相似的原理对实际系统的模拟试验或仿真。计算机的问世和控制论的创立，为系统仿真研究提供了新的技术手段，使得以最少的花费、最短的时间、最便利的操作来完成各个工程或非工程系统的性能预测。

系统仿真可以表述为：以控制论、相似原理和计算机技术为基础，借助系统模型对现有系统或未来系统进行试验研究的一门综合性新兴技术。利用系统仿真系统，研究系统的运行状态及其随时间变化的过程，并通过对仿真运行过程的观察和统计，得到被仿真系统的仿真输出参数和基本特性，以此来估计和推断现有系统或未来系统的真实参数和真实性能。建立系统仿真的步骤一般包括：明确问题、收集和处理现实数据、建立数学模型、模型评价结果是否接受、编制仿真程序、形成仿真模型，仿真系统构建流程图如图 2-1 所示。

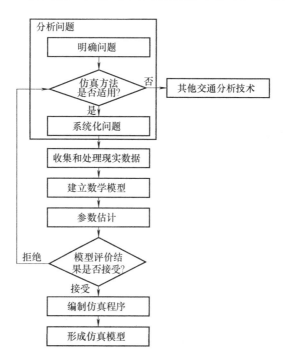

图 2-1　仿真系统构建流程

2.2　交通系统仿真

交通系统仿真是指用系统仿真技术来研究交通行为，它是一项对交通运动随时间和空间的变化进行跟踪描述的技术。从交通系统仿真所采用的技术手段以及所具有的本质特征来看，交通系统仿真是一项在计算机上进行交通试验的技术，它含有随机特性，可以是微观的，也可以是宏观的，并且涉及描述交通运输系统在一定期间内实时运动的数学模型。通过对交通系统的仿真研究，可以得到交通流状态变量随时间与空间的变化、分布规律及其与交通控制变量之间的关系。

交通仿真模型与其他分析技术，如需求分析、通行能力分析、交通流模型、排队理论等结合在一起，可以用来对多种因素相互作用的交通设施或交通系统进行分析与评估。这些交通设施或交通系统可以是单个的信号灯控制或无信号控制的交叉口，居民区或城市中心区的密集道路网，线控或面控的交通信号系统，某条高速公路或高速公路网，也可以是双车道或多车道公路系统等。交通系统仿真还可以用来分析和评价交通集散地，如停车场中转站、机场的规划设计及运行状况。

　　另外，交通系统仿真不仅限于道路运输系统，它在其他运输系统中也得到了广泛的应用，如公共交通系统、轨道交通系统、航空运输系统、水运系统、行人系统等。应该说明的是，交通系统仿真只是众多分析技术中的一种，既不是唯一的也不是最好的。交通系统仿真技术对于系统模型有着极强的依赖性，而要建立系统模型，就必然要对真实系统进行简化和抽象，这必然要引起某种程度的"失真"。事实上，这正是系统仿真技术的固有缺陷。对于道路交通这样一个随机的、动态的、复杂的大系统，这一问题显得更加突出。正如美国系统科学家 Zadeh 在其著名的"不相容定理"中指出，复杂性和精确性是相互矛盾的，随着系统复杂性的增加，人们对其进行精确描述的能力就要下降，直至达到某一阈值，即精确的描述失去其意义。

2.3　微观交通仿真

　　微观仿真以微观模型为基础，考察单个驾驶人和车辆及其相互作用特征来描述系统的状态，微观交通仿真系统通常采用离散系统仿真方法实现车辆的运动过程，模拟交通流的运行。本节从离散系统仿真方法入手，讲述微观交通仿真的组成。

2.3.1　离散系统仿真系统

　　在一些系统仿真过程中，其状态变量的取值是连续变化的，这类系统的仿真称为连续系统仿真；另一类性质不同的系统，其状态只是在离散时间点上发生变化，而且这些离散时间点一般是不确定的，这类系统的仿真称为离散系统仿真。例如，在高速公路收费系统中，车辆的到达时间一般是随机的，向每辆车收取路费的时间长度也是随机的。以收费窗口的状态和车辆排队长度作为该系统的描述指标，这些指标值的变化是在离散的随机时间点上发生的。

　　离散系统仿真应用的技术称为离散数字仿真方法。经典概率及数理统计理论、随机过程理论可以为研究随机系统提供理论基础，但是应用这些理论只能为一些简单系统提供解析解，对于现实中复杂的随机系统，只能通过计算机模拟才能得到较为完整的结果。离散系统仿真经常用到以下基本概念：

1. 实体

实体是描述系统的基本要素之一。在离散系统中，实体可以分为两大类：临时实体和永久实体。系统中只存在一段时间的实体叫作临时实体。这类实体由系统外部到达系统，通过系统，最终离开系统。永久实体是永远驻留在系统之内的实体。如微观仿真软件中，活动车辆一般就是临时实体，而道路模型是永久实体。临时实体按一定规律不断地产生（到达），在永久实体约束下通过系统，最后离开系统。

2. 事件

引起系统状态发生变化的行为称为事件。离散系统可以说是由一个个发生的事件驱动的。例如在收费站内，可以定义"车辆到达"为一类事件，由于车辆到达，系统的状态——收费员的"状态"可能从闲到忙，或者另一个系统的状态——排队的车辆数发生变化。一辆车交费完毕后离开收费口也可以定义为一类事件，因为收费口的"状态"由忙到闲。在一个系统中，事件的发生与某一类实体相联系，某一事件的发生还可能引起别的事件的发生，或者成为其他事件产生的条件。在仿真模型中，是依靠事件来驱动系统的运行，即系统中的程序事件控制仿真进程。

3. 活动

活动用于表示两个可以区分的事件之间的过程，标志着系统状态的转移。例如，在信号交叉口红灯期间，车辆到达事件与车辆停止等待事件之间的过程成为一个活动，该活动使排队等待车辆的数量增加。

4. 进程

进程由若干个有序事件及活动组成，描述了它所包括事件及活动间的相互逻辑关系与时序关系。例如，车辆通过信号交叉口，经过红灯期间减速等待、绿灯期间加速通过可称为一个进程。

5. 仿真时钟

仿真时钟用于表示仿真时间的变化，是仿真模型中的事件控制部件。它不仅是仿真的时间基础，还是仿真过程的推进器和驱动器。在连续系统仿真中，当采用将连续模型进行离散化而得到的仿真模型时，仿真时间的变化由仿真步长来确定。仿真步长可以是定步长，也可以是变步长。离散事件动态系统的状态本来就是在离散时间点发生变化，不需要进行离散化处理，并且由于引起状态变化的事件发生时间的随机性，仿真时钟的推进步长也是随机的。

6. 统计计数器

离散系统的状态随着事件的不断发生呈现出动态的变化过程。但由于这种变化是随机的，某一次仿真运行得到的状态变化过程只是随机过程的一次取样，所以仿真结果只有在统计意义下才有研究价值。统计计数器是仿真模型中的一个计数部件，用以统计系统中的有关变量。

仿真系统由一定的推进机制组织以上各个单元的协同运行，完成相应的仿真工作。对于离散系统，一般有事件驱动和时间驱动两种方法推进系统仿真工作。

仿真模型中的时间控制部件用于控制仿真时钟的驱动。在事件驱动方法中，事件表按事件发生时间的先后顺序安排事件。事件控制部件始终从事件表中选择具有最早发生时间的事件记录，然后将仿真时钟修改到事件发生的时刻。对每一类事件，仿真模型有相应的事件子程序。每一个事件记录包含该事件的若干个属性，依据事件属性调用相应子程序。事件子程序可以处理该事件发生时系统状态的变化，进行用户所需的统计计算；如果是条件事件，则应首先进行条件测试，以确定该事件是否能够发生，如果条件不满足，则推迟或取消事件。事件子程序处理完后返回时间控制部件。

时间驱动法是指以固定时间间隔 T 作为仿真时钟的推进时的增量，每推进一步判断该步骤内有无事件发生。如果没有事件发生，那么仿真时钟推进一个单位时间 T；如果该步骤内有若干事件发生，则认为这些事件均发生在该步骤的结束时刻。为了便于进行各类事件处理，用户需要规定当出现这种情况时各类事件处理的优先顺序。

2.3.2　连续系统仿真系统

微观交通仿真可以描述为在一定驱动机制下，协调组织系统各部分要素完成交通系统运行，统计交通运行指标的综合过程。交通仿真系统的基本模型结构如图 2-2 所示。

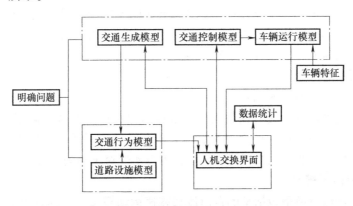

图 2-2　交通仿真系统的基本模型结构

微观交通仿真系统一般由道路设施模型、交通生成模型、车辆特征、交通控制模型、车辆运行模型、数据统计模块构成。

1. 道路设施模型

道路设施模型是重要的静态模型，主要用来描述道路的几何特征、车道划分、隔离带以及路肩宽度、路面类型、固定交通标志标线的位置等。道路设施模型不仅仅是简单的几何图形的记录和表现，还是交通仿真的载体并对车辆运行进行约束。它在整个仿真过程中，具有以下作用：

1）定义被仿真道路系统的空间参照系，划定系统边界约束。

2）记录和存储仿真系统所需的各种算法模型（如车辆到达模型、信号等控制模型、车辆跟驰模型、车辆冲突模型等），是仿真系统中所有模型存在和协作推进的容器。

3）存储、记录交叉口、控制器作用范围、路口冲突规则等定义车辆运行拓扑轨迹等逻辑模型和逻辑规则，协调各种算法模型、动态模型以及动态模型实例间的逻辑操作，提高系统仿真效率，实现车辆运动动画表现。

4）作为仿真程序运行的指令、信息、控制（编程）载体，是各种开放性编程控件、外部函数、仿真算法的调度器。

2. 交通生成模型

对于每一辆到达仿真系统入口处的车辆，系统需要产生一个到达时间。交通生成模型是以数学方法为基础，产生随机车辆序列，解决交通流的输入问题。研究表明，交通量较小时的计数分布服从泊松分布，交通量接近通行能力时的计数分布服从均匀分布，应用更为广泛的分布有 K 阶爱尔朗分布，可以描述不同流量状态下的车流计数状况。

3. 车辆特征

车辆特征除了包括车辆本身的几何特征外，还包括车辆动力性能。驾驶人的行为受到交通规则、车身几何结构和车辆动力性能的限制。车身几何结构一般依据现有车辆的具体尺寸给出；车辆动力性能一般由车辆最高车速以及给定车速下的加减速能力，通过经验分布给出。

4. 交通控制模型

交通控制模型为车辆制定了相应的运行规则，有交叉口信号控制、让行控制、匝道控制等内容。交通控制模型一般以道路设施为载体，限制车辆的运行行为，使车辆合理运行不产生交叉碰撞。随着智能交通系统的发展，越来越多的控制系统仿真模块融入交通仿真系统，可以实现对车辆的实时控制。

5. 车辆运行模型

微观车辆运行模型包括车辆自由流加减速运动模型、车辆自由流运动模型、车辆跟驰模型、车辆换道模型及车辆路径选择模型等内容。微观车辆运行模型是描述车辆之间相互作用的数学模型。由于交通系统的多样性，微观车辆运行模型是交通仿真系统中最为复杂的功能模块，比如在城市道路、城市快速路、高速公路等不同交通设施内，车辆运行具有不同的跟驰特性，需要构建不同的跟驰模型。同时，该部分内容也是微观仿真系统最为核心的模块。需要交通研究人员经过大量实际调查，总结分析车辆运行规律才能给出最为适用的车辆运动模型。

6. 数据统计模块

数据统计模块用来记录仿真运行的结果，是微观仿真系统的输出模块。

2.4　仿真软件选择

道路交通仿真于 20 世纪 50 年代提出，经过长期的发展已经形成了一批优秀的微观仿真软件。但是不同的仿真软件开发目的不同，决定其针对仿真交通问题的适用性不同。需要对各种仿真软件进行比较分析，选取最合适的仿真软件进行模拟。

在选择仿真软件时，一般要考虑的问题包括仿真项目的大小（不同软件可能对在单个路网中信号灯的最大数量或者任一时间的最大车辆数有限制）、仿真软件的微观车辆运动模型（车道变换、跟驰行为等）、仿真项目的特点（例如在有一定坡度的道路上的货车、水平曲线对速度的影响，或先进的交通管理技术）、用于模型标定的参数。

另外，软件的输入、输出和与研究中用到的其他软件的接口也是要考虑的关键问题。常用微观仿真软件对比表见表 2-1。

2.5　微观仿真系统构成——以 VISSIM 为例

2.5.1　VISSIM 仿真系统简介

VISSIM 仿真软件是德国 PTV 公司开发的商业软件，是一种微观的、基于时间步长和驾驶行为的仿真建模工具，用以城市交通和公共交通运行的交通建模。它可以分析各种交通条件下，如车道设置、交通构成、交通信号、公交站点等，城市交通和公共交通的运行状况，是评价交通工程设计和城市规划方案的有效工具。

VISSIM 是分析各种交通问题的有力工具，以下列举了 VISSIM 的一些主要的用途：

1）城市交通走廊拥堵分析及改善措施评价。

2）城市交通建设项目的可行性及其影响评价。

3）城市交通系统管理措施评价分析，包括潮汐交通流治理措施评价、可变限速措施评价、匝道控制措施仿真及评价、施工区交通影响评价。

4）信号交叉口及无信号交叉口拥堵分析及改善方案评价。

5）信号交叉口协调感应控制策略分析、评价及优化。

表2-1　常用微观仿真软件对比表

软件名称	基础设施描述方法	车辆运动模型	功能及特点
CORIM	（1）采取"节点—弧段"结构描述路网 （2）道路可以用曲线表示 （3）可以描述公交专用车道、电子收费车道、商务车道等专用车道 （4）没有直接实现对环岛的模拟 （5）可以模拟定时、感应式信号以及无信号控制	（1）跟驰模型：安全距离模型 （2）换道模型：强制性和选择性换道模型 （3）可接受间隙模型中，当车辆最小汇入车流间隙小于车流中两辆车的间距时，即可进行车流汇入行为 （4）本身具有匝道控制功能	（1）可对高速公路、干道路网、交叉口、各种车型、控制策略进行模拟 （2）CORSIM主要缺点是缺少分配算法，使得评价匝道控制、事故、出行者信息引起的交通量转移难于模拟 （3）能够支持小规模网络模拟 （4）无GIS图形显示
VISSIM	（1）采取"路段—连接器"结构描述路网 （2）可以描述公交专用车道、电子收费车道、商务车道等专用车道 （3）可以实现对环岛模拟 （4）能够模拟城市街区和高速公路的交通流 （5）可以模拟定时、感应式信号以及无信号控制 （6）应用VAP模块可以实现协同信号、感应协同信号等更为复杂的信号控制 （7）通过Real-time PRO模块可实现与高速检测器接口、计算机接口和其他接口的直接通信 （8）GIS-T图形显示(SHD/JPG/DXF/DNG格式)、三维图形显示	（1）跟驰模型：心理—生理跟驰模型 （2）换道模型：强制性和选择性换道模型 （3）可接受间隙模型中，当车辆最小汇入车流间隙小于车流中两辆车的间距时，即可进行车流汇入行为 （4）通过VAP模块实现匝道控制功能 （5）进行OD反推，及动态交通分配 （6）混合交通行为：机非混行	（1）采用先进的编程语言（C++、JAVA），同时采用了现代化的软件技术（COM接口），程序各部分可供研究人员二次开发 （2）采用开放式的数据库接口，可以跟任何关系数据库进行连接（采用ODBC标准），可以自由定义ASCII接口，可以与GIS进行数据交换 （3）可以模拟停车场诱导系统、机非混行交通系统 （4）VMS引导系统 （5）公交优先方案 （6）最大支持999个节点的仿真

（续）

软件名称	基础设施描述方法	车辆运动模型	功能及特点
PARA-MICS	（1）采取"节点—弧段"结构描述路网 （2）可以描述公交专用车道、电子收费车道、商务车道等专用车道 （3）可实现对环岛的模拟 （4）能够模拟城市街道和高速公路的交通流 （5）可模拟定时、感应式信号和路口无信号控制 （6）可以实现协同信号、感应协同信号等更为复杂的信号控制 （7）与实际检测器的实时通信需要通过其 Programmer 模块的 API 接口来实现，实现方式较为灵活，但具有一定开发难度 （8）GIS-T 图形显示	（1）跟驰模型：心理—生理跟驰模型 （2）换道模型：只能体现换道模型 （3）可接受间隙模型中，当车辆最小汇入车流间隙小于车流中两辆车的间距时，即可进行车流汇入行为 （4）通过 API 模块实现匝道控制功能 （5）通过外部接口程序实现交通分配	（1）具有图形化的友好界面，结果可以实现动画演示 （2）ATIS 交通信息服务系统，为出行信息提供预测，能够经由服务提供商为出行者提供交通信息预测和优化的路线诱导 （3）智能化的导航功能：PA-RAMICS 提供了用户控制的路径—费用扰动来模拟驾驶人对路径—费用感知的变动 （4）采用并行计算技术，路网规模能达到 106 个节点，424 个路段；提供强大的 API 扩展接口，和数据转化的功能 （5）缺少混合交通、复杂交通流的模型
AIMSUN	（1）采取"路段—连接器"结构描述路网 （2）可以描述公交专用道、电子收费道、商务车道等专用车道 （3）实现对环岛的模拟 （4）能够模拟城市街道和高速公路交通流 （5）能够实现静态交通分配和基于 OD 的路径选择 （6）可以模拟定时、感应式信号以及无信号控制 （7）可以实现协同信号、感应系统信号等较为复杂的信号控制 （8）通过 Data Translator 模块实现检测器数据的直接传输和解析，该模块还能直接解读 CAD、GIS 等文件的数据格式；GIS-T 图形显示	（1）跟驰模型：Gipps 跟驰模型 （2）换道模型：Gipps 换道模型 （3）可接受间隙模型中，当车辆最小汇入车流间隙小于车流中两辆车的间距时，即可进行车流汇入行为 （4）本身具有匝道控制功能	具有开放式的结构，允许用户将仿真器和任何一个 SIMSUNAPI 模块嵌入 AIMSUN 的应用软件，交互使用

（续）

软件名称	基础设施描述方法	车辆运动模型	功能及特点
Trans Modeler	（1）采取"节点—弧段"结构描述路网 （2）可以描述公交专用道、电子收费道、商务车道等专用车道 （3）实现对环岛的模拟 （4）能够模拟城市街道和高速公路交通流 （5）能够实现静态交通分配和基于 OD 的路径选择 （6）可以模拟定时、感应式信号以及无信号控制 （7）GIS-T 图形显示 （8）不具有相关硬件接口，不能与实际检测器直接通信		（1）将宏观、中观及微观三种仿真模型成功进行集成 （2）将 GIS 技术结合起来，增强了仿真模型的数据编辑功能，包括通过导入和转换其他规划模型或 GIS 数据来生成用于交通仿真的网络 （3）可以模拟包括收费站电子收费系统、车辆导航系统和动态监测系统在内的智能交通管理系统
Flowsim	（1）采取"路段—连接器"结构描述路网 （2）可以描述公交专用道、电子收费道、商务车道等专用车道 （3）实现对环岛的模拟 （4）三维图形显示 （5）集成化输出结果、表格	（1）模糊逻辑跟驰模型 （2）模糊逻辑换道模型 （3）同时考虑车辆的位置以及穿越车流中车辆的位置及速度的可接受间隙模型 （4）本身具有匝道控制功能 （5）混合交通行为：自行车、行人交通	（1）采用先进的编程语言（C++） （2）利用基于模糊逻辑的跟驰和换道模型来模拟车辆的行为，该模型根据大量的数据分析和检验，能够更好地模拟车辆的行为 （3）该模型考虑了我国自行车、行人和机动车的典型多元交通状况

6）公交优先措施实施效果分析及评价。

7）机动车、非机动车、行人在不同交通设施中运行特性分析。

8）对比分析交通设计方案，包括信号控制交叉口和停车标志控制交叉口、环交和立交的设计。

9）轻轨和公共汽车系统的复杂站点布局的容量评价和管理评价。

10）使用嵌入式动态交通分配模型，VISSIM 可以解决行驶路径选择的相关问题，如对于中等城市而言，在可变信息显示的影响下交通流分向路网邻近区域的可能性。

11）行人的建模和仿真——如街道和建筑物内——同时附带更多的相关操作和评价功能。此外，VISSIM 还可以仿真和演示道路交通和行人之间的交互作用。

2.5.2　VISSIM 软件基本框架

VISSIM 微观仿真系统主要功能模块有包括交通仿真模块、信号状态产生模块及数据分析模块。其中，交通仿真模块是指应用数学模型来描述交通行为的变化，包括跟驰模型、车道换道的车辆运行逻辑模型等；信号状态产生模块是一个信号控制软件，可以通过程序实现交通流的控制逻辑。逻辑在每一个离散的时间间隔（可以是0.1~1s）内从交通仿真器中提取检测器数据，用以确定下一仿真秒的信号状态。同时将信号状态信息回传给交通仿真器；数据分析模块是相对独立的一个模块，它不影响交通仿真的结果，只是对仿真结果数据进行统计性分析。

这三个模块之间通过接口交换检测器数据和信号状态信息，构成 VISSIM 仿真软件的基本框架如图 2-3 所示。使 VISSIM 软件既可以在线生成可视化的交通运行状况，也可以离线输出各种统计数据。

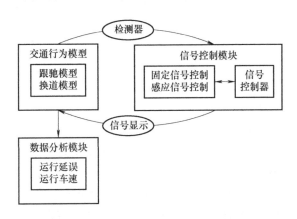

图 2-3　VISSIM 仿真软件的基本框架

1. 软件物理模型

VISSIM 仿真软件的物理模型是指不涉及仿真运行逻辑的基本要素，包括道路基础设施单元、交通主体特征单元、交通控制单元及仿真评价单元（图 2-4）。

对于 VISSIM 仿真软件，基本路段及其附属的标志、标线、停车设施的定义构成其道路基础设施单元。该单元是 VISSIM 软件模拟各种交通系统的载体，用来建立模拟现实交通物理设施的仿真场景，另外该单元还包括公共交通系统的站点设置及道路检测器的设置。

交通主体特性及交通流出行起讫特性的描述构成 VISSIM 仿真软件的交通主体特征单元。交通主体特性是指轨道车辆、机动车、非机动车等交通参与主体的几何特征。这些特性可以在 VISSIM 仿真软件里进行详细的定义，不同几何尺

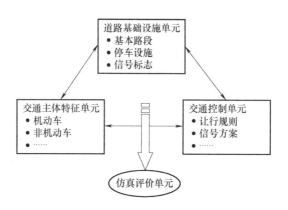

图2-4　VISSIM 仿真软件物理模型

寸的交通主体对交通流运行有着不同的影响。交通出行起讫特性的描述可以由出行 OD 表定义，也可以通过路径决策规则确定道路入口处交通流的流向。另外，公交线路的走向及站点布置也由该单元完成。

道路交通流的运行规则的确定及控制方案的制定构成 VISSIM 仿真软件的交通控制单元。该单元用来定义不同交通设施的运行规则，比如定义二路/四路停车无信号交叉口优先规则、确定信号交叉口信号控制方案、制定公共交通系统的发车频率等。

VISSIM 仿真软件由以上三个单元之间的相互协作完成仿真任务。道路基础设施单元为车辆提供了运行环境，车辆在交通控制单元的限制条件下在该场景下运行；同时交通控制单元依据车流量的大小不断优化与调整；道路基础设施单元提供交通运行环境的同时也限制了仿真系统的交通容量。

VISSIM 仿真结果的数据输出包括仿真结果的统计特性数据及仿真过程的视频数据。该单元构成了 VISSIM 仿真软件评价单元，是对仿真过程视频及数字的数据记录，独立于整个仿真流程。

2. 道路基础设施

路段和连接器是 VISSIM 仿真软件搭建路网模型的基本元素。交通路网由交通节点及其相连路段构成，道路相交、道路特性的变化均会产生交通节点。为了仿真建模的灵活性，VISSIM 仿真软件并未设置专门的节点元素。道路相交实际运行状态由路段及连接器来模拟。

每一个路段的交通特性描述包括固有属性和可选属性，路段固有属性包括编号、长度、车道数量、车道宽度、服务车辆种类等；可选属性包括道路高度、厚度、通行费用、禁止特定类型车辆运行、车辆混合行驶等用于特殊仿真目的的选项。

连接器用于连接两个基本路段，使路段构成完整的通行路网。连接对象车道是连接器的重要固有属性。常见分合流区的 VISSIM 仿真建模如图 2-5 所示。

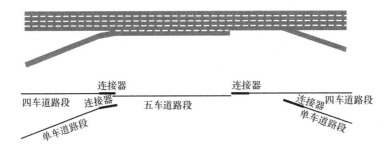

图 2-5 常见分合流区的 VISSIM 仿真建模

在 VISSIM 仿真软件中，路段和连接器是基本的路网元素，需要增添其他"单点"和"线域"路网元素构成完整的仿真路网模型。"单点"路网元素是指没有物理长度，在路网中设置在车道固定位置的交通设施，包括以下几种：

1）限速标志。通过该标志后，车辆期望车速依据标志显示进行调整。

2）停车让行标志。位置主次相交道路，次路车辆需要在该标志前等待让行。

3）信号灯。信号灯用于信号显示。与实际不同的是，在 VISSIM 仿真软件中，信号灯信号设置在停车线处，车辆在停车线前 0.5 ~ 1.5m 停车等待通行。

"线域"路网元素是指具有一定物理长度的道路交通设施，常见的"线域"路网元素包括以下几种：

1）交通检测线圈。交通检测线圈用于交通数据的检测统计，还可与信号机进行通信，实现智能控制。

2）公交站点。公交站点用于公交车辆停车载客，其长度至少大于公交车辆的最大长度。

3）停车场。停车场用来停车及表示动态交通规划的 OD 点。

4）限速区域。限速区域经常设置在道路转弯区域，用来限制车辆运行速度。

3. 仿真车辆

以上部分阐述了 VISSIM 仿真软件物理层面的道路模型，接下来对 VISSIM 仿真软件车辆模型进行说明。在 VISSIM 仿真软件里，车辆模型可以分为私人运输模型和公共运输模型两大类，其中私人运输车辆依据个体出行需求选择路径，公共运输车辆按照其固定公交线路行驶。

（1）私人运输车辆 VISSIM 仿真软件里，私人运输方式分为货车、小汽车、自行车及步行等。不同的运输方式有其不同的运输工具，具有各自不同的技术特征，比如长度、宽度、加减速特性及期望车速。在实际应用过程中，通常用某种数学分布来定义各个车种的性能分布。每个技术特征对仿真结果均有着重要的影响，比如合适的车身长度的分布能更好地反应交通流的运行状况，影响诸如排队长度、车头间距等仿真结果；车身宽度对于混合交通流的仿真有着重要的影响。另外，不同类型的车型可以定义成为一个种类，方便统计其共同的运行特征。定义私人运输车辆模型的应注意所属车辆种类。在定义模型之前首先需要定义系统车辆种类，相同种类的车辆可以有不同的车辆模型，比如小汽车（car）里可以有大众帕萨特也可以有宝马 Mini Cooper。定义私人运输车辆模型的详细参数如下：

1）车身长度或者车身长度分布。

2）加速度-速度、减速度-速度函数。在 VISSIM 软件里认为车辆加减速度与其运行速度有着密切的关系。

3）车辆最大速度或最大速度分布。

4）车身宽度。

5）车辆显示颜色及其 3D 显示模型（可选参数，不影响仿真结果）。

6）车辆重量或者重量分布（可选参数，用于带有坡度路段仿真场景）。

7）尾气排放量或其分布（可选参数）。

8）车辆行驶费用（可选参数）。

9）车辆占有率（可选参数，即车内人数）。

在 VISSIM 仿真软件中，车辆随机产生，由路段入口处进入仿真路网，或者由停车场从路段中间进入路网。车流输入数据可以依据不同时段单独定义，比如可以将小时流量分为 4 个 900s 分别输入（需要注意的是输入数据单位仍是辆/h）。在这里车辆按照泊松分布产生，车辆车头时距服从负指数分布。如果车辆输入超出道路通行能力，多余的车辆将在路网外部积累直到路网有其出行空间。如果仿真时间结束仍然有累计车辆未能进入路网，VISSIM 将给出提示。

（2）公共运输车辆　在 VISSIM 里，公共运输是指按照一定出行时刻表，沿固定线路运行的公共服务运输方式，包括普通公交车、铰接式公交车和轻轨车辆等车辆模型。公共运输车辆模型参数与私人运输方式车辆相比，增加了停靠时间这一技术特征参数。VISSIM 提供两种方法来确定公交车辆的停靠时间，一种应用停靠时间分布函数来确定停靠时间，一种应用公交停靠时间计算模型来确定停靠时间。

4. 交通控制

（1）无信号交叉口　在车辆靠右行驶的道路环境中，让行规则模型是模拟无信号道路交叉车辆行驶的常用方法。常见的使用场景如下：

1）四路停车无信号交叉口，靠右车辆优先，冲突车辆需要让行于其右侧车辆。

2）两路停车无信号交叉口，次路车辆需让行于主路车辆。

3）T形无信号交叉口，转弯车辆需让行于直行车辆。

4）环岛无信号交叉口，汇入车辆需让行于环岛内部车辆；无信号控制合流区，匝道汇入车辆需让行于主路车辆。

5）无专用左转相位信号交叉口，左转车辆需让行于对向直行车辆。

6）无专用右转相位信号交叉口，右转车辆需让行于同向直行非机动车及行人。

7）公交车辆驶出港湾式停靠站具有道路优先权。

VISSIM 使用让行规则指定无信号控制的冲突车流的通行权。让行规则模型由停车线一条停车线（红线）、一个或多个与该停车线关联的冲突标志及最小空间距离、最小时间距离两个时空参数组成。优先权较低道路上设置停车线，是让行车辆停车等待通行的位置；停车标志及两个时空参数是判断车辆是否通行的条件。让行规则示意图如图 2-6 所示。具体执行过程如下：

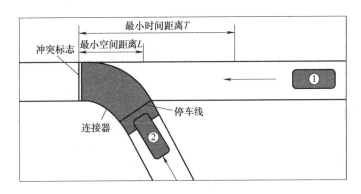

图 2-6　让行规则示意图

如图 2-6 所示，车辆2要汇入主路车流，需要满足车辆1到达冲突标志的时间大于最小时间距离 T，并且满足主路车流中距冲突标志最近的车辆与冲突标志距离大于最小空间距离两个条件，否则车辆2将在停车线处等待停车。

（2）信号交叉口　信号交叉口的信号控制策略可以在 VISSIM 软件里方便地实现。VISSIM 仿真软件有着比较完善的信号控制模块。信号灯组是该模块最小的控制单元，一个信号灯组可以定义不同的信号相位。另外，VISSIM 软件也提供了 VAP 模块用于感应式信号控制策略的实现。

在应用 VISSIM 软件进行信号交叉口仿真时，可以配合其他信号优化软件使用，VISSIM 软件可以输出交叉口车辆延误、排队长度等指标，对信号优化方案进行评价。

5. 数据输出

VISSIM 仿真软件里，车辆仿真运行即可以在 2D 平面环境内运行，也可以在 3D 界面内演示，并可以生成（＊．AVI）格式的视频数据。CAD 或者实景图片也可以导入 3D 模型文件进行仿真场景建模，以便更好地显示仿真效果。

VISSIM 仿真软件可以输出延误、行程时间、停车次数、排队长度、速度和密度等指标。用户可以依据自己的需求选择性输出。同时，VISSIM 仿真软件也提供了数据统计计算功能，用户可以要求输出单个指标数据，也可以要求输出一定时间段内指标的平均值。

2.5.3 VISSIM 软件核心模型

1. 车辆跟驰模型

1963 年，Michaelis 提出当驾驶人驾车低速跟随车辆行驶时，如果辆车距离接近一定值，后车驾驶人从视觉上明显感觉前车的变化，车辆之间的速度差异可以由驾驶人视角变化来体现。试验表明，车辆跟随时，两车之间的速度差异以及后车驾驶行为改变所需与前车的距离均有一定阈值。基于这种思想的跟驰模型即为生理-心理车辆跟驰模型或称为行为阈值（AP）模型。

车辆接近低速行驶的前方车辆时，部分驾驶行为具有阈值特性，还有一些驾驶行为是驾驶人在潜意识中完成的。有意识驾驶行为阈值与两车之间速度差值、距离及驾驶人特性密切相关。车辆跟驰行为可分为四种驾驶状态，生理-心理车辆跟驰模型如图 2-7 所示。

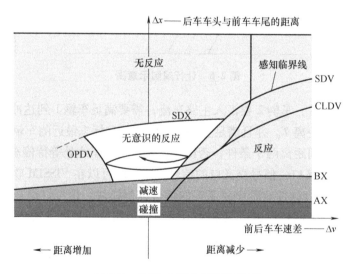

图 2-7　生理-心理车辆跟驰模型

如图所示，生理-心理车辆跟驰模型的四种驾驶状态如下：

（1）无反应，自由驾驶状态　后车驾驶行为不受前车的影响。此种驾驶模式下，驾驶员努力达到并维持一定的车速（期望车速）。实际上，此时的车速很难保持恒定，而是在期望车速附近摆动。

（2）无意识反应，接近前车状态　后车驾驶人减慢车速，以适应前车的车速。当后车接近前车时，后车驾驶人制动减速以便到达期望安全距离，此时前后车的速度差为 0。

（3）跟驰状态　后车驾驶人跟随前车，没有加速或是减速意图。后车与前车基本保持恒定的安全距离。实际上，由于节气门控制和驾驶判断上的误差，前、后车的速度差在 0 附近摆动。

（4）减速制动状态　当前、后车间的距离小于期望安全距离时，后车驾驶人制动减速，减速度从中等达到最大值。这种状态发生在两种情况下：①前车车速突然变化；②后车前方的第三辆车（非紧随的前车）变化车道。

对于每一种驾驶模式，后车的加速度由前、后车的车速和速度差，前、后车间的距离以及驾驶人和车辆的个性特征决定。当车辆状态达到了某个以速度差和距离表达的阈值时，其驾驶人将从一种驾驶状态转换到另一种驾驶状态。例如，比较小的速度差只会对近距离车辆的驾驶行为产生影响，而当前、后车的速度差较大时，后车驾驶人必须在接近前车时更早地采取行动。不同驾驶人群体感知速度差和估计距离的能力不尽相同，他们的期望车速和安全距离也存在差异。

1974 年，Wiedemann 等人提出了生理-心理数学模型，并于 1992 年完善了该模型。为了模拟不同驾驶人对车辆速度差异的判别能力及个人不同的驾驶行为，模型中对每一个参数均附加一个随机变量。具体参数如下：

1）AX（平均的停车间距）：两排队车辆间停止时的平均距离，变化幅度为 ± 1m。

2）BX（安全距离）：包括安全距离的附加部分（Bx_add）和安全距离的倍数部分（Bx_mult），这两个参数影响安全距离的计算，两车之间的距离 d 可以用以下公式计算：

$$d = \mathrm{AX} + \mathrm{BX} \tag{2-1}$$

式中　AX 是停车间距，$\mathrm{BX} = (\mathrm{BX\_add} + \mathrm{BX\_mult} * z) * (v^{\wedge}0.5)$；$v$ 是车辆速度，单位为 m/s；z 是介于 $[0,1]$ 的数值，是以 0.5 为平均值的标准正态分布，标准差为 0.15。

3）ABX——在较小速度差下的最小期望跟驰距离。

4）SDX——跟驰过程中意识到距离变大的界限值。

5）SDV——表示距离较大时速度差的界限值。

6）OPDV——短距离时意识到很小的速度差存在，并且距离增大的界限值。

7）CLDV——短距离时意识到很小的速度差存在，并且距离减少的界限值。

该模型适用于城市道路交通流仿真。在 VISSIM 软件中，以上参数只有 AX、BX_add、BX_mult 三个参数对用户开放，可供用户标定。

基于生理-心理跟驰模型，Wiedemann 于 1999 年提出 Wiedemann99 模型，用于高速公路车流仿真。它的参数包括以下几种：

1）CC0（停车间距）：两停止车辆之间的平均期望间隔距离，没有变量。

2）CC1（车头时距）：后车驾驶人对于某一个确定的速度而期望保持的车头时距（单位 s）。该值越大，说明驾驶人越谨慎。当给定一个速度 v（单位为 m/s）时，平均安全距离 BX_safe 的计算公式为：$DX\_safe = CC0 + CC1 * v$。模型中定义的安全距离是指后车驾驶人跟驰时保持的最小距离。当流量很高时，这个距离对于通行能力具有决定性的影响。

3）CC2（跟驰变量）：前后车的纵向摆动约束，是后车驾驶人在有所反应、有所行动之前所允许的车辆间距大于目标安全距离的部分。例如，如果将该值设为 10m，那么前后车的距离将维持在 BX_safe 和 DX_safe + 10m 之间。系统的默认值为 4m，这将导致一个稳定的跟驰过程。

4）CC3（进入跟驰状态的阈值）：控制后车何时开始减速，例如后车驾驶人何时辨认出前车的车速较低。也可以理解为：在后车达到安全距离之前多少秒，后车驾驶人开始减速。

5）CC4 和 CC5（跟驰状态的阈值）控制跟驰状态下前、后车的速度差。该值越小，后车驾驶人对前车加减速行为的反应越灵敏，前后车间的跟随越紧密。速度差为负时，使用 CC4；速度差为正时，使用 CC5。两者的绝对值必须一致。采用默认值，则跟驰过程中前后车的跟随关系将十分紧密。

6）CC6（车速振动）跟驰过程中，距离对后车速度摆动的影响。如果该值为 0，则后车的速度摆动与前后车间的距离无关。该值越大，则随着前后车间距的增加，后车的速度摆动也随之增加。

7）CC7（振动加速度）：振动过程中的实际加速度。

8）CC8（启动加速度）：车辆起动时的期望加速度（受加速度曲线中的最大加速度限制）。

9）CC9（80km/h 车速时的加速度）：80km/h 车速时的期望加速度（受到加速度曲线中最大加速度的限制）。

软件默认为跟随车辆在距前车 150m 时，开始对前车运动状态有所反应。车辆的最小加速度及最小减速度为 $0.2m/s^2$。车辆最大加减速度与车辆本身技术特性有关，用户可以依据实际情况对车流加减速度变化范围进行设定。在 VISSIM 软件里，在紧急情况下车辆减速度可大于最大减速度。

另外，VISSIM 仿真软件中与车辆跟驰相关的其他可用参数还包括以下几种：

1）能观察到的车辆数。能观察到的车辆数影响路网中的驾驶人如何预测其他车辆运行以及做出相应反应的能力。实际经验表明，驾驶经验丰富的驾驶人在车流中注意观察前方 3 ~ 4 辆车的运行状态，而新手驾驶人往往只注意前方跟随车辆运行状况。在车流产生意外时，新手驾驶人往往发生车辆追尾事件。一些路网元素（比如慢行区域、信号控制）在程序内部是以车辆的形式建模的，因此如果路网中短距离内存在几个交叉口以及这些路网元素，则有必要增加能观察到的车辆数的数值。但是，数值越大，仿真速度越慢。

2）前视距离。定义车辆前方的可视距离，从该距离开始，后车驾驶人能够对在同一路段内的前方或旁边的车辆（在同一路段上）做出反应。该参数是对观察到的车辆数量的补充，包括最大前视距离和最小前视距离两种。最大前视距离指的是允许的前视距离最大值；最小前视距离对横向驾驶行为的建模非常重要，对于多辆车辆（例如自行车）排队时，需要增大该值。该值的大小取决于接近的速度，在市区该值为 20 ~ 30m。如果允许在同一车道内超车，则必须增大最小前视距离。当对车辆横向行为进行建模时，如果不增加最小前视距离，则车辆遇到红灯或相互靠近时可能不停车。最好不要通过改变观察车辆的数量来缓解这种情况，否则会导致其行为不真实。

3）后视距离。定义车辆后方的可视距离，车辆可以对该距离之内的车辆做出反应（在同一路段上），包含最大后视距离和最小后视距离两种。最大后视距离指的是允许的后视距离最大值；最小后视距离对横向驾驶行为的建模非常重要，尤其在多辆车辆（例如自行车）排队时，需要增大该值。该值的大小取决于接近的速度，在市区该值为 20 ~ 30m。

4）暂时走神（"精神不集中"）参数。暂时走神（"精神不集中"）是指后车驾驶人在一段时间内不对前车的驾驶行为（紧急制动除外）做出反应（除了紧急制动）。包括持续和概率两类。持续指的是"精神不集中"的持续时间；概率指的是"精神不集中"的发生概率。这两个参数值越大，相应路段的通行能力越低。

2. 横向运动模型

VISSIM 仿真软件中，车辆换道及同一条车道内车辆横向运动均由横向运动模型来描述。

（1）车辆换道行为　道路上车辆产生换道行为一般分为两种情况：一种是强制性换道行为，另外一种是自由换道行为。例如，转弯车辆为能够在交叉口顺利转向，需要在路段上完成其必要的车道变换行为，而路段车辆自由变换车道是为了提高驾驶自由度及其驾驶舒适性。

在 VISSIM 仿真软件中，由连接器属性参数（换道距离和紧急停车距离）判断车辆何时执行强制性换道行为。当车辆与连接器距离等于换道距离时，车辆驾驶人意识到连接器的存在，需要在相邻车道内寻求适合换道间隙换向目标车道；如果当车辆运行与连接器距离等于紧急停车距离时仍然没有找到足够的换道间隙，那么车辆需要在该处停止等待可穿越间隙的出现，才能完成换道行为。换道距离一般取值 100 ~ 500m，紧急停车距离一般取值 5 ~ 10m。

车辆在距交叉口较远的路段上行驶，其换道行为不受行驶路径的影响，更多的是为了寻求更高自由度的驾驶，获得舒适性更高的驾驶环境，称为自由换道行为。在 VISSIM 软件中，自由换道行为的产生需要满足三个条件：首先，车辆自身驾驶处于跟驰状态，驾驶自由度较低；其次，车辆驾驶人需要判断相邻车道下游是否能够提供驾驶环境相对较好的驾驶条件；如果相邻车道能够提供较好驾驶环境，车辆驾驶人还需要判断目标车道是否有可换道条件，即能否提供足够的间隙供车辆换道使用。

以上是 VISSIM 仿真软件内准备换道行为的行为逻辑。具体换道行为逻辑过程可用带有一定侵犯性的可接受间隙模型来表示。车辆能否实现换车道行为取决于目标车道上能否提供足够的空间，使得换道车辆道后不致引起车辆碰撞，换道行为示意图如图 2-8 所示，换道行为参数说明见表 2-2。

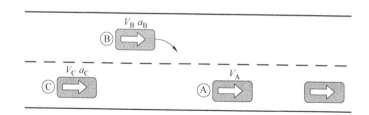

图 2-8 换道行为示意图

表 2-2 换道行为参数说明

参与单元	影响因素及说明
目标车道限制车辆 （车辆 A）	车辆速度 V_A
换道车辆 （车辆 B）	车辆速度 V_B、可接受减速度 a_B、最大减速度 a_{MAX1}
目标车道后随车辆 （车辆 C）	车辆速度 V_B、可接受减速度 a_C、最大减速度 a_{MAX2}
换道车辆 （车辆 B）	消失前的等待时间（车辆在紧急停车位置等待车道变换空档出现的最长时间）

（续）

参与单元	影响因素及说明
车辆 A 与车辆 B	最小车头空距（成功超车所需的前后车间的最小车头间距）
车辆 A 与车辆 B	超车所需的最小时间间隔：仅当一般行为设置为右行规则/左行规则时使用。它描述了慢车道上前后车间的最小车头时距，超过该最小时间间隔后，快车道上的车辆可以变换车道到慢车道上
车辆 A、车辆 B、车辆 C	安全距离折减系数（换道模型认为：车辆换道时，其运行安全距离较路段运行车辆安全距离要低，它包括与新车道上的跟随车辆之间的安全距离，影响决策是否进行换道行为；换道车辆自身的安全距离；与前面行驶的、车速较慢的换道车辆的距离。当发生车辆换道时，VISSIM 软件通过把原始的安全距离乘以安全折减系数，降低实际安全距离的值。默认的折减系数是 0.6，那么通过计算，安全距离值就比初始值减少了 40%。只要换道行为结束，安全距离重新恢复到初始值）
车辆 C	协调制动的最大减速度（当驾驶人允许其他车辆变换到他自己行驶的当前车道上时，需要相应地协调制动，该值定义了此时驾驶的最大减速度。对于协调制动的车辆，它的减速度为：最大值是期望减速度的 50%，直到前面的车辆开始换道行为；介于期望减速度的 50% 和指定的协调制动的最大减速度之间。通常在换道时的减速度要远远小于最大减速度，因为前面需要换道的驾驶人估计后面跟随的车辆不会有很强的减速行为）

在车辆跟驰模型中，每个车辆均有其与前车的期望间距，一旦车辆之间距离小于期望间距，后车便要采取减速措施以避免车辆间距过小而产生车辆碰撞。

在换车道行为中，首先是车辆 A 与车辆 B 相互作用，车辆 B 进行换道操作，当其接近车辆 A 时，需要不断调整自身车速以满足其对期望间距的要求；然后是车辆 B 与车辆 C 相互作用，车辆 B 完成其换道行为后，会对车辆 C 运行产生影响，车辆 C 需要调整自身车速以满足对车辆期望间距的要求。同样，车辆 C 的后随车辆也需要依据自身对期望间距的要求调整车速，由此车辆换道行为对整个交通流产生影响。

车辆在调整自身车速过程中，可接受减速度及最大减速度是最重要的影响因素，也是需要用户标定的参数。对于强制性换道行为，换道车辆在接近连接器的过程中，逐渐减速并不断在目标车道上寻找换道车头间距。随着换道车辆接近连接器距离的减小，换道车辆对换道所需车头间距值的要求越来越小。

在 VISSIM 软件中，用户可以依据不同的交通设施设置不同的车辆换道行为参数。

（2）横向运动行为　车辆横向运动行为是为模拟混合交通流而开发的交通仿真模型。车辆跟驰模型及车辆换道行为模型均是基于车道的横向及纵向车辆运行行为模型，这样可以优化车辆运行行为逻辑，而车辆横向运动行为仅受车道宽度的限制，更多的是描述单个车道内部不同车种的运行行为。

车辆横向运动模型有以下两个基本假设：

1）交通流中不同交通单元在自由流运行时有其期望运行位置，比如自行车、摩托车一般在道路中靠右行驶，而机动车一般靠道路中间行驶。

2）交通参与的每一个单元均有一定的道路占用空间，交通单元之间有一安全距离的制约。安全距离的大小与两个交通单元的车速相关。如果在交通流运行过程中两个单元之间的距离小于现行速度下的安全间距，跟随单元必须调整自身速度以降低安全间距，否则该单元无法存在当前位置或者不允许有超车行为。

基于以上基本假设，混合交通流在运行过程中同样遵循生理-心理跟驰模型，只是此时车辆间的距离不再是单纯考虑车道方向上的一个交通单元，而是要考虑前方一定范围内所有交通单元与之的安全距离的制约，从而调整自身车速以便接近前方单元甚至超越前方单元。

横向运动行为模型控制参数说明见表2-3。

表2-3　横向运动行为模型控制参数说明

参　数	说　明
自由交通流中的期望位置	即自由流状态下车辆在车道中的期望位置，可以设置为：车道中央、右侧/左侧、随意
观察在相邻车道上的车辆	可选项。如果选者该项车辆运行时将考虑相邻车道上行驶车辆的横向位置，并与其保持一定的最小测向距离。在仿真中，也考虑正在换车道或者已经换车道的倾斜车辆的后部边界的实际位置对后随车辆的影响 如果该选项不勾选，相邻车道上的车辆就会被忽略，即使车辆的宽度本身比车道还宽，也不会考虑它对相邻车道车辆的影响（除非该车辆正在进行换道行为） 该选项选择后，将大大降低仿真的速度
菱形状的排队	车辆排队时考虑到了车辆的实际形状，允许车辆交错排队
同车道超车	允许在同一车道内超车，需要选择允许超车的车辆类型以及对应的参数 用户也可以定义从哪边进行超车。（从左面超车，从右面超车或者允许从两边超车）
最小横向间距	定义超车过程中，当前车辆和相邻车辆之间的最小横向间距。对于每一种车辆类别，用户需要定义停止（车速为0km/h）和50km/h时的车辆的两个横向间距值。对于其他的速度，相应的横向间距按照以上两个值线性计算得到

3. 行人仿真模型

VISSIM软件行人仿真模块应用改进的社会力模型来模拟行人的交通行为。

Helbing 提出的驱动行人运动的社会力模型（多粒子驱动模型），表示人与人、人与环境的社会心理和物理作用。社会力模型假定行人受到社会心理和物理的作用。例如质量为 m 的行人 i，期望以大小为 v_{0i}，方向为 e_{0i} 的速度步行。他会在运动中不断地调整自己的实际速度 v_i，假定其在 T_i 时间内加速到 v_{0i}。同时，他要与墙和其他行人保持一定的距离。这可以用作用力 f_{ij} 和 f_b 来模拟。在时间 t 内速度的变化可以用如下的运动学方程描述：

$$m\frac{\mathrm{d}v_i(t)}{\mathrm{d}t} = m\frac{v_{0i}e_{0i}-v_i(t)}{T_i} + \sum_{j(j\neq i)}\left(f_{ij}(x_i(t),x_i(t))\right) + f_b(x_i(t)) \tag{2-2}$$

式中　$m\dfrac{v_{0i}e_{0i}-v_i(t)}{T_i}$——行人向目标点前进的驱动力，方向是行人当前位置与目标点位置的连线方向；行人的理想速度是距目标点距离与剩余的时间的商，实际速度则是理想速度乘以方向向量；

$\sum_{j(j\neq i)}\left(f_{ij}(x_i(t),x_i(t))\right)$、$f_b(x_i(t))$——行人在步行过程中同其他行人、障碍物以及行驶边界等的交互。

在 Helbing 的社会力模型中，认为某个人周围的人、边界或者障碍物对该人的影响是相同的。但事实上，行人的运动具有各向异性，即相对于行人后方的情况来说，他更注意前方的情况。另一方面，人能够预测其他人的行为，并会因其他人的行为而做出反应。因此，在行人视野范围内的其他行人对他自身行为的影响应大于他视野范围外的。为了描述这种行为，引入一个状态因子，它取决于行人期望的运动方向和他所受到的排斥力方向之间的角度，该角度记为 φ_{ij}。状态因子计算公式如下：

$$w(\lambda_i) = (\lambda_i + (1-\lambda_i))(1 + \cos(\varphi_{ij})/2) \tag{2-3}$$

参数 λ 定义为受力系数（$\lambda_i < 1$），体现了行人运动的各向异性。代表行人 i 前后方向上的行人对他的影响比左右方向上行人对他的影响要大。如果排斥力与行人运动方向一致（角度为 0），影响力最大。角度为 0°～90°和 270°～360°时产生的状态因子要比 90°～270°大，因此行人视野内的情况所产生的影响更大一些。考虑到状态因子的影响，在社会力模型中，个体 j 对个体 i 的影响力为：

$$F = f_{ij} \cdot w(\lambda_i) \tag{2-4}$$

另外，在实际环境中，当人群运动时，某些空的区域可能由于人员密度增加而变得非常拥挤，行人在运动时会主观地避开这些区域，该区域对人的作用力与边界或是障碍物产生的效果是一样的，称为动态阻塞区域。但在原始模型中，并不能体现行人对于动态堵塞区域的避让行为，通过设置低密度过滤器和计算周围的密度分布，建立一个补充的密度网格，它对行人有小的排斥效应，来解决此问题。

为了便于仿真实现，VISSIM 行人的行为仿真一般可以分成三层，具体如下：

1）战略层，对行人进行路径规划，并产生一系列的目的地。

2）策略层，进行行人出行 OD 路径选择，并产生初步的路径决策。

3）行为层，展开实际的行为，其中包括躲避对向的行人，穿越人群，或者只是简单地向目的地移动。

在这里，社会力模型控制着行为层以及部分的策略层，而战略层则是由用户进行输入定义的。

VISSIM 行人仿真模型的参数可以总结为原始模型参数、扩展模型参数及特别执行参数三种类型，各类型具体参数及其说明见表 2-4。

表 2-4　行人仿真模型参数说明

类型	具体参数	说　　明
原始模型参数	松弛时间（Tau）	与行人的反应时间和惯性有关。它通过某一方向上的期望速度 v_0 和实际速度 v_i 的差，来表示加速度 a：$a = (v_0 - v_i)/T$
	受力系数（λ）	λ 代表了行人所受各方向上力的互异性，例如发生在行人背后的事件和现象不会像发生在行人视野内的事件和现象那样对行人造成很大的影响（心理上和社会学上）。通过 λ 以及当前驱动力方向以及受力源的夹角 φ，可以计算得到所有社会力（非物力）的因数 w 来反映该力，如果 $\varphi \neq 0$，且 $\lambda < 1$：$w(\lambda) = (\lambda + (1-\lambda)(1+\cos(\varphi))/2)$。因此，如果 $\varphi = 0$，那么 $w = 1$ 或者如果 $\varphi = \pi$，那么 $w(\lambda) = \lambda$
	社会力影响力（A_soc_mean）社会力影响范围（B_soc_mean）判别参数（VD）	用来决定行人之间社会力的影响力（A）和影响范围（B）。两个行人之间的相互影响力的计算公式如下：$F = w(\lambda)A\exp(-d/B)n$。其中 $w(\lambda)$ 是根据 λ 计算得到的因数，d 则是两个行人之间（身体表面与表面）的距离。n 是从发起影响的行人指向受影响行人单向矢量。注意，如果参数 VD 大于 0，那么行人之间的相对速度也会计算在内。这种情况下，距离 d 会统一定义为 $d = 0.5\mathrm{sqrt}((d + \mid (d - (v_1 - v_0) \mid \mathrm{VD})^2 - \mid (v_1 - v_0)\mathrm{VD} \mid^2)$。其中，VD 的单位是 s，$v_0$ 是受影响行人的速度，而 v_1 是施加影响的行人速度，而 d 从施加影响的人指向受影响的人（"受影响行人"就是在他身上计算受力的那个人）
	障碍物影响力（A_phys_border）障碍物影响范围（B_phys_border）	行人与障碍物之间的接触力的计算与行人之间接触力的计算类似

（续）

类型	具体参数	说　明
扩展模型参数	安全距离参数 （A_soc_isotropic B_soc_isotropic）	这两个参数所表示的力与 A_soc_mean 和 B_soc_mean 相似，除了在计算中没有了 $w(\lambda)$ 一项，同时该参数与速度也没有了关联性，具体公式如下：$F = A\exp(-d/B)n$。这部分的力是用来调节行人与行人之间的安全距离的
	影响人数参数 （react_to_n）	只有前 n 位接近行人对象的行人影响，才会考虑在行人的综合力计算之中
特别执行参数	行人栅格尺寸 grid_size	定义行人间相互影响的最大范围。行人是按照 grid_size x grid size m² 的单元格来保存的，每个行人只会和相同单元格或相邻单元格（包括拐角）的行人发生交互影响
	拓扑单元格尺寸 routing_large_grid	这个参数定义了拓扑的单元格尺寸；routing_large_gridXrouting_larger_grid 的单元格们将在上一个层次的栅格体系中合成为 1 个单元格
	位势调整参数 routing_step	这是用于计算位势（potential）的一个参数。如果这个值较大，位势就会较精确，但相应的，计算时间就会增加。较合理的值可以是 2，3，4 或 5
	位势微调参数 routing_accuracy	这个参数是另一个用来计算位势的参数。该参数的取值在 [0.0, 1.0]，值越大，计算的结果越精确
	位势阻滞参数 routing_obstacle	在进行位势距离计算时，靠墙附近的单元格会添加一系列的格外距离，并附加在实际距离之上。根据这个参数，当行人面对两个相同距离的瓶颈口时，行人就会自动选择较宽瓶颈处通过。通常情况下，行人与墙壁会保持一定距离。通过这个参数就可以设置墙壁对行人位势的影响

4. 路径选择模型

路径选择即车辆在仿真环境中选择行驶路径。在 VISSIM 仿真软件中有两种方法为车辆制定行驶路径：静态路径选择模型和动态路径选择模型。

车辆行驶路径由路段及连接器顺序连接组成。静态路径选择又称为固定路径行驶决策，即用户为行驶车辆提供确定的行驶路线。静态路径决策由路径决策点及决策目标点构成。每一个路径决策点可以对应多个决策目标点。所有车辆或者特定种类的车辆通过路径决策点后，用户可以以概率的形式确定车流走向某一个目标决策点的数量。

如果车辆按照静态路径行驶，无论道路如何拥堵，车辆均不会改变其行驶路径，车流量与行驶路径的选择没有任何关系。静态路径选择更多适用于交通需求（路网中有多少车辆需要出行）和路网结构较小且基本保持不变的仿真场景。然而，实际情况是：一天中的交通需求是随着时间显著变化的，甚至路网结构也带有一定的时间相关性，在进行大范围或者大流量路网仿真时，往往需要模拟车辆路径选择与交通流状态的反馈关系。车辆动态路径选择是在考虑上一时刻交通流状态、当前交通流状态及预测下一时刻交通状态的基础上，进行最优路径选择（图2-9）。

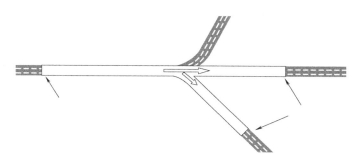

图 2-9　静态路径选择模型

　　VISSIM 仿真软件中提供两种方法来实现车辆的动态路径选择。一种方法是应用 VAP 编程模块，应用检测器的数据采集功能设计相应的逻辑程序为车辆提供路径选择策略。该方法更多地应用于小范围路网仿真。另外一种方法是以"四阶段"为基础，进行交通需求动态分配。该方法的首要步骤是确定驾驶人由起始地点到目的地之间的所有路径，然后确定驾驶人选择路径的标准，并以该标准（出行延误、行程时间、出行费用、出行效用）对各个路径进行评价，最后选取最优路径作为车辆的出行路径。在 VISSIM 软件中，动态分配以用户均衡理论为基础，以迭代计算为步骤实现。

第 2 篇
微观交通仿真实践流程

第 **3** 章   数据采集

数据采集是交通仿真分析过程中的关键步骤，并且是一项非常耗时费力的工作。另外，由于交通数据需要时间一致性，进行数据采集工作时不可能重新去收集遗漏或丢失的数据。因此，在开始采集交通数据之前，应该明确数据采集内容、采集时间、采集地点、采集方案及数据处理方法。对于大多数的微观仿真模型所要收集的数据基本上是相同的，一般包括道路几何数据、交通需求数据、车辆特性数据、交通控制数据、校核数据。

3.1   道路几何数据

大多数微观仿真软件需要的道路几何数据包括以下内容：

1）路段：车道数、车道宽度、设计车速（自由流车速）。

2）交叉口：转弯车道转弯半径、转向车道存储段及渐变段长度等。

道路几何数据主要通过现场调查获得。在条件允许的情况下，可以利用最新的影像地图或工程设计图获得。

3.2   交通需求数据

对于仿真软件所需要的交通需求数据一般包括仿真路网的交通输入数据、车流在交叉口的转向比例（静态路径选择）、车辆出行 OD 矩阵（动态路径选择）。

3.2.1   数据采集地点及统计时间

通常在微观仿真模型研究范围内的关键地点进行交通数据采集作业。一般情况下，把 15min 作为分析交通流特性的时间间隔，如果仿真研究人员想提高分析精度，可以将时间统计间隔缩短至 5min，但是不应长于 15min。

对于路段仿真研究项目，可以选择路段中间位置作为数据采集的关键地点；对于交叉口仿真研究项目，可以选择交叉口进出口位置；对于路网仿真研究项目，可以选取拥堵常发路段和交叉口。一般也依据具体的仿真目的进行选择。

由于交通数据每天都有所变化，如果只收集一天的数据，这些数据可能不能反映交通运行的一般情况。根据研究项目的研究目的和研究范围，需要有不同的取样周期。数据采集工作周期取决于每天的交通变化情况。在交通拥堵不太严重的道路，可以只收集几天的交通数据值。对于交通拥堵较严重的道路，需要一周或更长时间的数据采集周期。如果研究交通拥堵事件，那么数据采集的开始时刻必须在拥堵产生之前，结束时刻需要在拥堵消散之后，以确保整个拥堵事件均在调查时间之内。

另外，需要确保所有数据在同一时间范围采集，以免数据处理不一致或标定模型存在问题。例如，快速路主线的交通量是在一周内收集的，而出入主线的交通量是在下一周收集的，这就有可能导致出入主线的数据很难与主线交通量数据相匹配。交通数据收集应该避免在交通设施建设、交通事故、恶劣天气、特殊事件、节假日和季节性变化时进行，除非这些特殊条件本身就是研究对象的组成部分。

3.2.2 车辆出行 OD 矩阵调查

单纯交通流量数据无法满足微观仿真的数据需求，仿真研究人员需要指明车辆出行的起讫点。对于较为简单的仿真项目（单个交叉口、单个路段），可以采集转向流量数据；对于复杂的路网仿真项目，为每一个交叉口指明转向流量信息将会是十分复杂的工作，仿真软件需要借助车辆出行 OD 表估计车辆的行驶路径。

一般来说，城市综合交通规划可以提供城市每一个区域交通出行数据，但是这些数据往往是宏观层次交通数据，并且在时间上较为久远，很难适用于当前仿真项目，仿真研究人员需要实地测量交通流量，求算车辆出行 OD。对于观测当前的车辆出行 OD 数据，车牌号调查法是最准确的调查方法。调查时，在研究范围内部和边缘设置监测点，同时注意通过每个监测点的所有车牌号，然后根据在每个监测点观察到的车牌号统计在每两个相邻的监测点之间有多少车辆通过。车牌号调查法有一个很大的缺点就是这种方法非常费时费力。因此，经常根据路段交通流量反推车辆出行 OD 矩阵。

3.3 车辆特性数据

车辆特性一般包括车辆尺寸、车辆性能、交通组成。不同尺寸的车辆有着不同的动力特性，导致不同的交通流车辆组成，使得车辆对交通系统时空资源的消耗不同，影响交通设施处理交通流的能力。

3.3.1　交通组成

交通组成由研究者定义，通常是指在交通流中各种车辆占全部车辆的百分比。一般情况下，车辆种类包括小客车、厢式货车、拖挂货车和公交车。大部分软件中通常都有车辆组成百分比的默认值。但是，车辆组成是有地域性的，默认值对特定的地点很难是准确的。例如，城市道路中货车所占的比例和高速公路中货车所占的比例就有很大的不同。

3.3.2　车辆尺寸和性能

汽车的主要尺寸有外廓尺寸、轴距、轮距、前悬、后悬等。汽车性能参数包括动力性（最高车速、加速度、汽车能爬上的最大坡度）、燃油经济性、最小转弯半径、通过性、操纵稳定性、制动性和舒适性等。车辆尺寸和性能可以通过汽车生产厂家对各个车型标明的基本参数来获得。

3.4　交通控制数据

交通控制主要是研究区域内设置的交通控制设施或采用的交通管理策略，交通控制数据在仿真模型中是不可或缺的数据。它一般包括交通标志、交通信号控制等。

3.4.1　交通标志

在建立仿真模型时，交通标志的种类（停车、让行、车道变换等）和位置一般都是需要的。交通标志的位置和种类对于车辆的运行有着重要的影响，需要依据其进行车辆驾驶行为的建模。如果观测到交通标志在一天中有任何特定的变化，这种变化同样也要记录下来。例如，如果交通标志是临时性的标志，在观测时应该记录下日常的和特殊情况或事件下的数据。

3.4.2　交通信号控制

在定时信号控制交叉口，应该记录信号灯共有几个相位以及各个相位的红灯、黄灯和绿灯时间。对于交通信号协调控制来说，还要记录下交叉口间的相位差。

在感应式信号控制交叉口，由于信号周期长度和绿灯时间随交通需求而变化，因此信号观测和交通量观测应该在同一期间内完成。每一个相位的详细信息都应该观测出来，例如最短绿灯时间、最长绿灯时间、黄灯时间、红灯时间。另外，检测器在路段上的位置也需要记录下来。信号控制系统调查表见表3-1。

表 3-1　信号控制系统调查表

地点_____　时间_____　天气_____　路口类型_____　记录人_____

1. 信号控制基本情况				
信号控制方式：固定周期控制_____　感应式控制_____　行人信号按钮：有____无____				
间隔时间：绿闪_____　黄_____　全红_____　红黄_____				
2. 信号配时基本情况				
系统方案	起止时间				
	周期长度				
	相位图示				
	相位配时/s				
	行人信号（最短配时）				
人工采集方案	起止时间				
	周期长度/s				
	相位图示				
	相位配时/s				
	行人信号（最短配时）				

3.5　校核数据

校核数据主要用于仿真模型的标定工作，主要是与交通流运行特性相关的数据，包括交通设施通行能力、车辆行程时间、车辆运行车速、车辆运行延误、车辆排队长度等内容。为了减少后期工作复杂度、增加模型标定工作的可行性，仿真研究人员需要在本阶段完善校核数据采集内容。

3.5.1　实地观测

实地观测仿真项目研究范围内车辆运行特性是很有必要的调查措施，仿真研究人员可以应用视频摄像等方法记录关键地点的车辆运动行为。视频摄像法是目前较为常用的交通数据采集方法，其缺陷是无法全程记录车流状况，比如车辆出现异常运行行为可能源于上游交通流出行拥堵，这需要仿真研究人员不断观测研究范围内的车流运行特性。另外，实地观测对于仿真研究人员建立仿真模型有着重要的作用。

3.5.2　行程时间调查

浮动车调查法和车牌照法是测量车辆行程时间的常用方法。在车辆行程时间调查过程中，仿真研究人员不仅要确定调查方法，还需要明确调查次数。浮动车运行次数或者车牌照选取车辆数与研究人员要求的行程时间置信区间、置信水平及测量数据的标准方差有关，样本数量的确定原则是：观测样本量能反映总体特征，应使样本均值在一定置信度水平上满足估计误差要求。一般采取以下公式进行计算：

$$N = \left(\frac{t_\alpha s}{\varepsilon} \right)^2 \qquad (3-1)$$

式中　N——调查次数；

　　　t_α——对应一定显著水平 α 和自由度 $N\text{-}1$ 的 t 分布统计量；

　　　s——样本标准差；

　　　ε——要求的估计精度，一般取 ±10% 平均行程时间。

3.5.3　地点车速调查

一般情况下，地点车速调查方法有人工调查法和雷达测速法。目前 GPS 测速法也不断应用于交通调查领域。车速调查时，由于车速过快，不便于全样本调查，通常采用抽样调查方法。抽样调查可采用随机抽样法，但是须按车辆组成比例抽样。样本数量的确定原则同样是观测样本量能反映总体特征，应使样本均值在一定置信度水平上满足估计误差要求，最小样本量取值可参考式(3-1)（ε 取 1.5 ~ 8km/h）。

3.5.4　饱和流率调查

饱和流率是在一定道路和交通条件下，连续绿灯时间内一个车道或进口道上车队能够通过停车线的最大小时流率。饱和流率是信号交叉口通行能力计算、分析和信号设计的基础依据。

饱和流率可以采用直接观测法获得，常用的调查方法是饱和车头时距观测法。调查人员记录每个信号周期绿灯启亮后车辆车位通过停车线的时刻，第六辆以后通过停车线的车辆车头时距作为饱和车头时距，3600s 除以饱和车头时距得到饱和流率。

需要注意的是，饱和流率通常是针对信号控制设施而言的，并且车流需要排队在 10 辆以上才能达到释放的饱和状态。

3.5.5　运行延误调查

车辆运行延误调查分为路段延误调查和交叉口延误调查两部分内容。路段延误调查一般采用浮动车法进行调查，交叉口延误调查采用由绿灯时间内车队通过信号交叉口的实际时间减去对应车辆数乘以饱和车头时距得到车队交叉口行驶延误。具体调查方法可参考《交通工程学》相关内容。

3.5.6　其他指标调查

常用于微观仿真模型标定的指标还有排队长度、车头时距等指标，这些调查指标均需要有详细的调查数据，以方便以后的模型标定工作。调查得到的车头时距数据需要做出统计分布图，方便与仿真得到的车头时距统计分布进行比较。

第 **4** 章　搭建仿真模型

搭建仿真模型是运行仿真软件的前提，每一种微观仿真软件均有自己独特的建模方法。经过仿真实践可以发现，建立仿真模型的步骤基本相同，只是具体的操作有所不同。建立仿真模型的过程就像建一座房子，首先应该有设计图（工作底图）；依据设计图建造地基和墙壁等硬件部分（建立基础路网）；接着粉刷墙壁和置办家具等软件内容（设置交通控制措施和交通组织方案）；然后安排入住（输入交通数据）；最后约定大家遵守的生活原则（设置驾驶行为参数）。

4.1　导入底图

底图是建立微观仿真模型的设计图，它指示出了在模型中有哪些道路以及这些道路该怎样表示。底图是建立精确的仿真模型的必要条件，应该具有比例尺并能反映现实路网，可以从外部导入电子地图或航拍照片或者各种计算机辅助设计软件（如 CAD）创建的图片。在用仿真软件建模时，直接在底图上面就可以把相应的道路依次画出来。VISSIM 仿真软件加载底图实例如图 4-1 所示。

图 4-1　VISSIM 仿真软件加载底图实例

4.2　搭建路网

当导入底图和画出基本路线之后，还必须把道路的物理特性和运行特性输入模型中。这些具体的参数包括：车道数量、车道宽度、路段长度、坡度、曲率、路面条件（干燥和潮湿等）、视距、公交站位置、人行横道和其他行人设施、非机动车道或路径等。根据微观仿真软件的差别，路段会有不同的设置参数，尤其是道路节点的处理，需要针对不同的仿真软件具体分析。VISSIM 仿真软件搭建路网实例如图 4-2 所示。

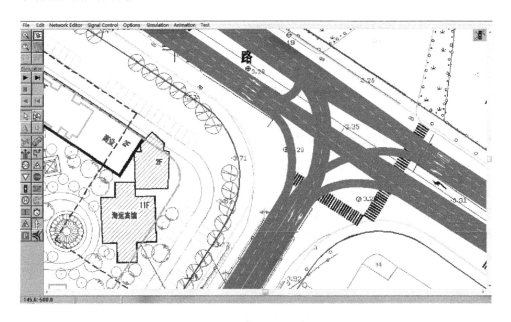

图 4-2　VISSIM 仿真软件搭建路网实例

4.3　设置交通控制措施

大部分模拟交通运行的微观仿真软件都是基于时间推进模式，一般仿真时间步长为 1s 或更短时间。仿真模型中的车辆在交通控制措施按照跟驰理论运行。在不同的微观仿真模型中，交通控制措施有所不同，但主要包括无控制措施、让行标志、停车标志、信号控制（固定周期、感应式或实时自适应）和匝道控制等。在 VISSIM 仿真软件中设置信号交叉口配时方案如图 4-3 所示。

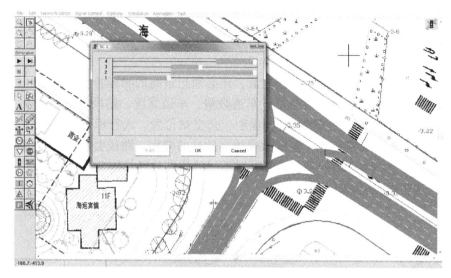

图4-3　在 VISSIM 仿真软件中设置信号交叉口配时方案

4.4　设置交通运行管理措施

道路中的交通运行管理设施有很多，它们对于交通运行起着重要作用，因此在仿真时也应考虑在内。交通运行管理设施具体包括警告标志（事故、车道变化、出口等），指示标志［限速、可变车速限制、高占有率车辆（HOV）、绕行、车道渠化、车道占用等］，检测器类型和位置等。在 VISSIM 仿真软件中设置让行管理措施实例如图4-4 所示。

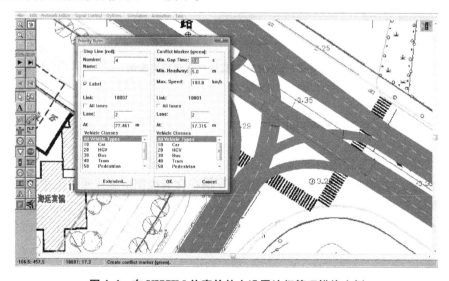

图4-4　在 VISSIM 仿真软件中设置让行管理措施实例

4.5　输入交通需求数据

交通需求定义为在仿真期间通过研究区域的车辆数量和各型车的比例。在大部分仿真软件中，进入路网的交通量一般通过一些参数来定义，而离开路网的交通量一般根据路网内部参数（转向运动等）来计算。在建模时，首先必须输入从外部节点进入模型的交通量，然后要定义转向运动和其他与路径选择有关的参数。交通需求数据主要包括：在交叉口或节点处进入的各型车流量和转向分别占的比例、车辆 OD 或路径、公交车路线和间隔、自行车和行人流量。在 VISSIM 仿真软件中定义交通组成实例如图 4-5 所示，定义行驶路径实例如图 4-6 所示。

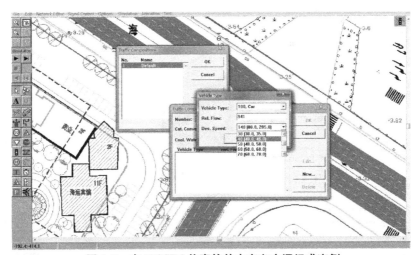

图 4-5　在 VISSIM 仿真软件中定义交通组成实例

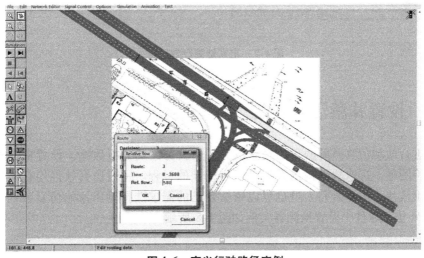

图 4-6　定义行驶路径实例

4.6 定义驾驶行为

通常在微观仿真软件中都有驾驶行为的默认值，如果获得了有效的观测数据（如期望自由流速度、车头时距、启动损失时间等），使用者可以更改这些参数默认值。驾驶行为数据包括：驾驶人反应速度（车辆跟驰最小车头时距、车道变换的可接受间隙、黄灯反应时间）和实时信息对驾驶人的有效性等。在VISSIM 仿真软件中定义驾驶行为实例如图 4-7 所示。

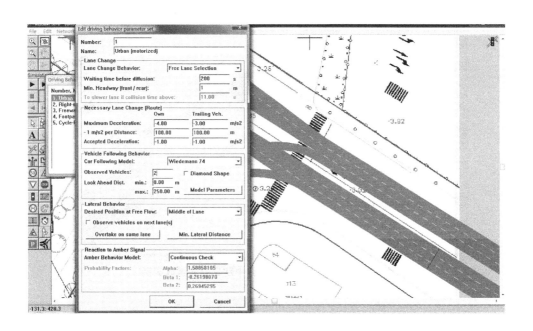

图 4-7 定义驾驶行为实例

4.7 设置并激活检查器

进行微观仿真分析的目的是获取分析仿真方案的分析数据。设置检测器并激活检测器，选取软件输出数据是不可或缺的过程。一般仿真软件均有统计数据输出模块，仿真研究人员也可以依据自己的需求选择输出原始仿真数据。在VISSIM 仿真软件中设置检测器实例如图 4-8 所示。

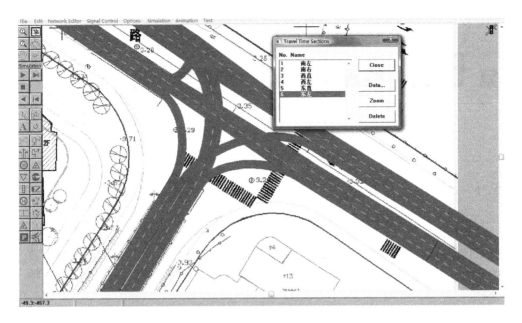

图 4-8　设置检测器实例

4.8　仿真运行数据

仿真软件都有根据特定的模型需要设定仿真运行的控制参数，但是这些参数在不同的仿真软件中会有所不同。通常这些参数包括：仿真时间、选择仿真评价输出形式（例如报告、动画或两者都需要）、仿真结果分辨率（时间和空间上的分辨率）和其他系统参数。

4.9　特殊情况的开发技术

微观仿真软件一般能够建立模拟现实情况的仿真模型，但并不是所有的现实情况在软件最初开发的时候都能够预想得到。因此，多数仿真软件都支持扩展功能以便可以仿真初始开发时没有考虑的情况。仿真研究人员可以在熟悉微观仿真软件扩展功能的基础上，依据实际情况进行二次开发。

第 **5** 章 微观仿真模型检验与标定

5.1 仿真模型的检验

微观仿真模型检验工作是检验仿真路网模型建立的准确性，是仿真模型标定工作的基础。该部分工作需要仿真研究人员对现实场景车流运行状况有清楚的认识，用以辨别路网明显的错误信息。通常做好仿真模型检验工作有三种途径。

1. 掌握微观仿真软件交通仿真机理

通常情况下，交通仿真软件是针对不同的应用目的而开发的模拟软件，不同的交通仿真软件适用于不同的交通运行场景。在进行交通仿真工作之前，仿真研究人员需要了解交通仿真软件的仿真机理，对能否实现仿真工作的目的及其实现程度有大致的把握。很多情况下，无法模拟出真实的交通流运行状况，这并不是路网模型或者数据参数的原因，而是该仿真软件本身不具有仿真研究人员要求的功能。

2. 检验交通基础数据

仿真基础数据是决定现实交通流运行状况能否得以仿真的重要条件。在进行仿真工作时，仿真研究人员需要列出详细的数据输入清单，一般包括以下内容：

1）路网各个路段的几何尺寸（路段长度和车道数目）；

2）路网交叉口控制条件（控制方式和控制参数）；

3）路网交通设施交通组织方式；

4）路网连接性；

5）交通组成；

6）输入交通量；

7）交通小区数量及划分；

8）路网仿真检测车辆出行矩阵；

9）单点仿真检测交叉口转向数据。

3. 观察仿真生成动画场景

仿真分析人员可以通过观察仿真动画和跟踪车辆的行驶轨迹发现仿真过程中的异常交通行为，从而确定仿真模型是否存在建模错误。

通常仿真分析人员需要关注的内容有：瓶颈点车辆运行行为、车辆换道行为、车辆让行行为、信号灯控制是否有效、是否存在车辆相互碰撞等现象。仿真研究人员可以首先以较低（10%）交通输入量进行仿真，跟踪仿真时间内前期、中期、后期的有限数量的车辆，观察其运行状况，确定车辆微观运行行为是否正常；然后再以 50% 交通输入量进行仿真，跟踪仿真时间内前期、中期、后期的路网车辆的变化情况，确定路网模型是否存在连接性错误。

只有经过标定的仿真模型才能应用于真实的仿真工作。经过仿真模型错误排查工作，可以得到一个可以运行的仿真模型。但是，由于车辆在不同地区、不同环境、不同交通设施、不同交通条件下有着不同的运行特性，该模型并不一定能真实地反映出交通运行特性，需要经过车辆运行行为的参数标定工作，仿真模型才能应用于真实的仿真工作。

5.2　模型标定的含义

现实交通场景是一个多因素相互作用的复杂系统，加上系统在时间与空间上的变化特性使得任何一个微观仿真模型均无法完全考虑交通系统的作用因素。任何交通仿真模型均需要调整其仿真参数才能反映特定条件下的交通流状况。模型参数标定是根据实地的交通运行状况，对仿真系统中各个独立的参数进行调整，以使模型能够准确表达具体仿真对象的过程。

参数校正的目的是使仿真输出结果与实际测量的数据差异最小。微观仿真模型标定的目的是通过对微观仿真参数的调整，提升模型再现现实场景的能力。

一般仿真软件均会对客户开发部分仿真参数，仿真软件公司也会给出这些参数的建议值。建议值是软件公司根据部分实测数据总结得出的参数取值，但是这些值并不能完全适用于任何仿真环境下。仿真分析人员需要依据仿真的具体环境对仿真参数进行调整。

然而，仿真参数往往共同作用于车辆运行行为，仿真模型的标定工作是一个多因素的综合决策过程。不同的交通研究者提出了不同的标定方法，其中有一种最基本的共识是车辆的驾驶行为必须是切合实际的（多因素决策过程中，不同的因素取值可以得出相同的结果。必须保证驾驶行为参数符合实际情况，比如家用车辆的加速度一般不会大于 $5\mathrm{m/s^2}$）。

5.3　模型标定的方法

微观仿真模型标定包括对仿真软件上百个微观参数的调整，并且这些参数之间相互作用、相互影响，共同决定了微观仿真结果。为了标定工作具有可操作性，通常可以先将大量的仿真参数分为两大类：确定参数和不定参数。确定参数是指仿真研究人员可以确定其值，不用进行试验标定的参数；不定参数是指仿真研究人员不能肯定其变化范围及影响程度的参数。一般来说，确定参数越多越利于标定工作的进行，但是确定参数越多标定的自由度越低。

由于国内微观仿真研究及相关支撑体系发展程度不同，不同地区有着不同的模型标定方法。本节介绍国内外现有典型的模型标定方法。

5.3.1　国内模型标定过程

国内学者认为，交通仿真系统模型的参数标定实质上是在设定目标函数后的组合优化问题。对于每一个目标函数有两类输入，一类输入是实地观察（检测）的数据；另一类是模拟模型输出的对应数据。需要校正的仿真参数一般包括交通控制运行参数、交通流特性以及驾驶人行为特性等。国内学者以评价体系的思路建立了微观仿真模型的标定过程，如图 5-1 所示。

第一步，确定仿真模型参数校正的目标。一般而言，目标是使仿真输出结果与实际测量的校核数据差异最小或为零。

第二步，进行标定参数指标选择，把模拟输入参数分为可控参数（确定参数）和不可控（不定）参数，不可控参数一般不随模型的变化而变化，如交通量和信号配时等，可控参数一般是模型中值可以改变的参数，如车道变换距离、最小车头时距和车辆消失前的等待时间等。校核参数必须容易实际测量得到以及在仿真中可控。

第三步，在标定参数选定后，需对不可控参数以及模型输出参数进行实地测量，要注意区分高峰与平峰的数据采集。针对不同的仿真对象，在不同的条件下，各个模型参数所占权重不尽相同，根据仿真精度对影响仿真结果较大的参数进行校正，同时确定这

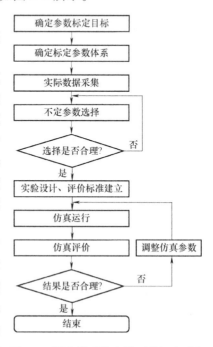

图 5-1　国内微观仿真模型的标定过程

46

些参数的变化范围。

第四步，根据仿真需要，对待标定参数进行必要性评价。仿真系统涉及很多可控参数，且每一个参数都有不同的取值范围，对每一种可能的情况都做相应的排列组合，显然是很难应用于实际操作的。例如，如果仿真系统有 8 个可控参数，每个参数取值分为 5 个级别，则需要做的仿真试验有 5^8（390625）次。因此根据仿真系统的特点，运用优化算法实现参数的自动标定意义重大。

第五步，经过多次运行，确定模型参数。同时根据仿真结果和仿真画面确定最佳的可控参数取值。

最后，根据仿真结果确定标定过程的中止。

5.3.2　国外模型标定过程

国外学者认为，微观仿真模型参数可以分为两大类，一类直接影响设施通行能力，另外一类影响车辆的路径选择。所以，国外代表性交通微观仿真模型标定主体也分为两部分，首先需要对通行能力影响参数进行标定，然后对车辆路径选择影响参数进行标定。同时，仿真模型参数对仿真过程的影响又有全局影响和局部影响的区别，在参数标定过程中需要先标定全部影响参数，然后再考虑局部影响参数。国外仿真模型参数的标定过程如图 5-2 所示。

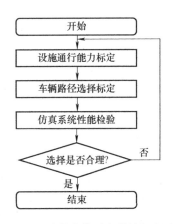

图 5-2　国外仿真模型参数的标定过程

第一步，设施通行能力影响参数标定。以《美国道路通行能力手册》或者实际调查为基准进行仿真模型通行能力大小的检验。该步骤的关键工作是确定影响设施通行能力的影响因素的值，具体过程如下：

1）确定设施通行能力测算方法。交通设施在不同交通条件、道路条件及控制条件下有不同的通行能力测算方法。例如，无信号交叉口入口车道通行能力需要在车辆排队累计 15min 左右时释放车流，统计其饱和车流率，并将其换算为小时流率得到其通行能力值；对于信号交叉口，需要在入口道车流排队长度大于 10 辆的交通条件下统计车流饱和流率，并换算为小时流率，然后乘以绿信比得出信号交叉口的通行能力。其他设施通行能力测算方法可以参照《美国道路通行能力手册》中的相关内容。

需要注意的是，设施通行能力是一个统计值，试验次数需要经过较为复杂的推算。按照一般经验，20 次试验可以获取置信区间为 90% 的通行能力值；25

次试验可以获取置信区间为95%的通行能力值；40次试验可以获取置信区间为99%的通行能力值。

2）获取模拟设施通行能力。微观仿真软件并不能直接输出设施通行能力值，需要仿真研究人员人为设置获取设施通行能力的方法，然后统计最大小时流率，比如可以利用信号灯控制手段使车流排队，以获取饱和车流。

一般来说，仿真模型出现拥堵的地点应该与真实场景相同。如果仿真模型没有产生真实场景中的交通瓶颈点，可以增加交通需求，创建与真实场景相同的模拟条件，标定通行能力影响参数。如果仿真模拟出现瓶颈点与现实场景不同，那么需要调整仿真模型中瓶颈点的通行能力。完成通行能力影响参数标定后需要消除增加的交通需求（设施通行能力），以便进行路径选择影响参数标定。

设施通行能力的获取方法与第一步相同。

3）选择通行能力影响参数。任何一款微观仿真软件均有一系列影响设施通行能力的微观参数，而且由于不同的微观仿真软件所使用的微观车辆运行模型不同，通行能力影响参数也不同。一般来说，对设施通行能力产生影响的微观车辆运行模型集中在车辆跟驰模型及车辆换道模型里。仿真研究人员在选取通行能力影响参数前需要仔细阅读微观仿真软件里的相关模型文件，以便选取合适参数进行标定。

按照经验，一般选取以下参数作为通行能力影响参数进行标定：

高速公路：跟随车辆车头时距、驾驶人反应时间、车辆换道临界间隙、车流走停状态下最小车辆间距。

信号交叉口：车辆起动损失时间、车辆消散车头时距、许可相位左转车辆可接受间隙。

4）建立标定目标函数。微观仿真模型参数标定的基本目的是尽量使得仿真模型与真实场景的交通运行状况一致。标定目标函数便是以第一步测算设施通行能力值为真值，仿真模型模拟值与真值误差最小的参数系列便是标定的结果，目标函数表达式如下：

$$S = \frac{1}{r} \sum_r (M_r - C)^2 \tag{5-1}$$

式中　S——均方误差；

　　　M_r——每次仿真所得到的设施通行能力值，同一系列仿真参数下设置不同的随机种子得到统计性通行能力值；

　　　C——实测设施通行能力值；

　　　r——仿真次数。

5）寻找最优参数组合。仿真研究人员需要找出使得式（5-1）取值最小的参数组合才能完成模型参数的标定工作。该方程是由多个参数共同作用的结果，无法按照常用计算方法求解其最小值，需要通过非线性最小二乘法等最优化方法进行求解。

6）参数微调。以上步骤完成之后，如果仿真模型的模拟结果仍然与现实场景有很大差别，可以试着进行仿真模型路段参数的调节。路段参数对通行能力的影响主要指路段的几何特征及建模影响，比如某些微观仿真软件里无法体现车道宽度、路肩宽度、道路周围环境等对道路通行能力的折减，需要依据一定原则进行适当调整。

第二步，路径选择影响参数标定。仿真模型参数标定工作的第一部分保证车辆在仿真模型中与现实场景中有着相同的运行特性，属于微观驾驶行为校正。路径选择影响参数则更偏向于仿真中观路径选择的调整，使得仿真模型交通流特性与现实场景相同。如果微观仿真软件中不涉及路径选择的内容，则这部分工作可以省去。

路径选择影响参数可分为以下两部分：

1）全局参数标定。路径选择全局参数指微观仿真软件应用的车辆路径选择算法模型里所包含的模型参数，一般指路段阻抗模型参数、道路行程时间模型参数、路段费用模型参数等。标定方法同样是应用非线性优化方法使得仿真模型各个路段车流量与实际场景中流量相同。

2）参数微调。参数微调工作在全局参数确定后，它对仿真路段具体参数进行适当调整以优化标定结果。

第三步，系统特性标定。本部分内容用于确定以上标定工作的综合效应，以排队长度、行程时间等指标为校准指标，分析第一和第二部分标定工作是否准确。

至此，国外微观仿真模型参数标定工作基本完成。可以看出这是一个繁杂的过程，而且短时间内往往无法得到完全与实际相同的微观仿真模型。为了节省人力、节约时间，国外学者折中认为模型运行结果误差在 15% 以内便可满足工作要求。

由此可见，无论是国内还是国外都很重视微观仿真模型参数的标定工作，而且参数标定过程均很复杂。由于我国城市道路通行能力研究不足，与国外相比无法提供足够的支撑方法，国内模型标定方法稍显缺陷，但是在实际工作中却有着很好应用性能。更加完善适合我国的微观仿真软件参数标定方法也在研究过程中。本节第三篇提供了具体的模型标定实例，以供参考。

第 **6** 章　方案运行与报告梳理

　　方案运行分析是数据采集、模型建立与标定工作的目的，是微观仿真工作的实践应用环节。一般情况下该部分内容包括：目标时段交通需求预测、形成交通仿真方案、选取运行评价指标、运行仿真模型、整理仿真结果、评价仿真方案。

6.1　交通需求预测

　　交通方案的实施是未来某一时间点，仿真研究人员需要对该时间的交通需求进行预测。目前已有大量的交通需求预测模型，如回归分析法和增长系数法等。需要详细标定这些模型后才能较为准确地进行预测。一般来说，这些模型需要大量实际数据，还要耗费不少时间进行模型标定。如果不具有以上条件，可以应用趋势外推法进行预测，该方法同样需要五年以上的交通需求历史数据。

　　现有方法基本上都属于无约束增长预测法，现实中交通需求受道路通行能力制约。在进行交通需求预测时需要加入通行能力限制条件，进行优化分析。

6.2　形成交通仿真方案

　　交通工程设施人员依据仿真项目目的提出具体的交通仿真方案。交通仿真方案一般包括交通设施交通组织方案、交通渠化方案、信号配时优化等。

　　交通仿真方案形成的过程包括：

　　1）运行交通需求预测数据，提出现有交通设施存在的潜在问题。

　　2）依据交通设施潜在问题，对其进行交通改造，提出相应改造方案。

　　3）仿真改造方案并对方案优缺点进行评价。

6.3　选取运行评价指标

　　运行评价指标依据项目目的提出的反映仿真系统运行特性的量化评价指标。

需要注意的是，这些指标的提取必须依据仿真项目的工作目的及现有的评价准则，而不是依据仿真软件的输出能力。该部分内容总结了常见仿真项目的评价指标，方便仿真研究人员进行指标选取。

6.3.1　常见系统运行性能评价指标

评价指标的提取必须依据仿真项目的工作目的及现有的评价准则，一般评价指标均可由路网的车公里数、路网的车小时数、平均运行速度 3 个指标直接或间接计算得出。

在实际仿真工作中也通常选取延误指标评价不同仿真方案拥堵状况，选取平均停车次数作为信号协调控制效率的评价指标。

6.3.2　常见局部运行性能评价指标

除了评价仿真整体系统的运行状况外，也通常对仿真路网局部拥堵点进行改造评价。路网局部拥堵点的行程可能是由于设施类型变化、路口信号配时不合理、路段排队长度过长等原因造成的。

排队长度过长引起路段拥堵在仿真过程中对整个系统的运行有着显著的影响。这时需要仿真研究人员撰写路段拥堵报告，记录路段产生拥堵的仿真时间点，并计算车流达到路段通行能力时的车辆排队长度。

信号配时不合理往往导致红灯期间排队车辆无法在绿灯时间内完全释放，车辆不断累积形成排队。仿真研究人员需要整理路口信号问题、总结材料，记录绿灯时间无法保证排队车辆清空的交通流量条件。

在无信号交叉口和施工区等路段瓶颈地点由于路段通行能力的变化，车队往往形成一定的排队现象，并逐渐消散。仿真研究人员可以由此记录车辆排队的最小长度，计算车队消散速度，分析排队车辆消散的过程。

6.3.3　评价指标的取值

在仿真过程中，通常为仿真软件设定不同的随机数，模拟现实交通流的随机现象。不同随机数将产生不同的仿真结果，输出不同的运行指标。在指标选取过程中是取其均值还是应用其极值，是重要的问题。指标均值及其方差和标准差等指标相对来说是比较容易计算的，但是由于仿真是有限次运行，因此无法确定得出的样本极值是否等于总体极值。

在实际仿真工作中一般假设指标结果服从正态分布，采用 95% 样本极值作为结果指标值，具体含义是在置位区间为 95% 的情况下的仿真系统运行指标输出结果。计算公式见式（6-1）。

$$95\% \text{样本极值} = \text{平均值} + 1.64 \times \text{指标标准差} \tag{6-1}$$

6.4 运行仿真模型

在确定评价指标后，需要在仿真软件中设置相应的检测器输出所选指标。另外，在仿真模型执行过程中需要注意以下问题：

1）选取多个随机种子，多次重复试验。按照一般经验，20 次试验可以获得置信区间为 90% 的通行能力值；25 次试验可以获取置信区间为 95% 的通行能力值；40 次试验可以获取置信区间为 99% 的通行能力值。

2）剔除仿真模型初始化阶段。仿真模型在仿真开始时会有一个预热阶段，也就是仿真路网的流量加载过程。一般可以将路网车辆数达到稳定的时刻作为数据分析的开始。

3）优化信号配时方案。一般仿真软件均无信号配时优化的程序模块。仿真研究人员需要选择其他信号优化模型对仿真方案中的信号配时方案进行优化，然后应用在仿真模型中。

6.5 整理仿真结果

一般微观仿真软件输出视频动画和数据文本两种类型的结果。视频动画可以显示单个车辆在仿真过程中的运行情况，数据文件记录了仿真模型车流运行特性。仿真研究人员需要对这两种文件都进行仔细分析才能得出比较完善的研究结果。

6.5.1 视频文件分析

观看视频文件可以帮助仿真研究人员直观地定性分析仿真系统的交通流运行状况。但是这也是一个比较耗费时间的工作过程。很多情况下，仿真研究人员需要反复观看同一个视频（尤其是仿真路网较大的情况下）才能发现系统问题所在。因此，仿真研究人员需要选取有代表性的仿真过程进行揣摩，切勿一概而论。

仿真研究人员可以根据项目仿真目的，选取典型仿真过程或者效果最差的仿真过程进行观看。典型仿真过程能够代表所有仿真过程的平均水平，而最差效果仿真过程可以帮助仿真研究人员寻找仿真系统产生各种交通问题的过程。在选取时可以用车辆行驶时间区分典型仿真过程和效果最差的仿真过程，也可以用其他指标（比如延误、路段拥堵数量等指标）进行区分。如果仿真研究人员选用车辆行驶时间指标作为区分标准，那么选取仿真输出值分布在所有仿真输出结果中间水平的仿真过程作为典型仿真过程，而仿真输出值是所有仿真输出值中最高的仿真过程作为最差效果仿真过程。另外，如果仿真研究人员需要分析仿真系统中某一路段的仿真状况，那么需要选取该路段的输出指标决定选取典型仿真过程或者最差效果仿真过程。

仿真研究人员在对仿真关键事件（车辆排队、入口汇入等）进行分析时，尽量在关键事件发生前几分钟内进行研究，分析事件产生到结束的整个过程，以便发现引起这些事件的具体原因。

6.5.2 数据文件分析

微观仿真软件在仿真运行时记录运行过程中各种交通流参数，并形成电子文本进行存储。

一般情况下，微观仿真软件记录的仿真结果分为原始数据和统计数据两种，并且不同的数据文件有不同的文件格式。原始数据一般记录了车辆的瞬时数据，比如仿真过程中特定时间点的车辆运行速度、车辆通过道路断面的时刻等；统计数据记录了仿真研究人员设定时间间隔内车流运行的统计特性，比如车辆运行速度的最大值、最小值、平均值等。

仿真研究人员需要仔细阅读微观仿真软件的说明书，确定各种数据格式的记录的内容及解读方式。对数据文件的解读，除了需要了解各种数据的记录格式，还需要仿真研究人员掌握数据的形成机理。

6.5.3 仿真时空问题

为了对比分析各个仿真方案的优劣，需要记录各个方案在仿真过程中出现交通拥堵的完整过程。但是在仿真过程中往往碰见以下情况：

（1）仿真空间问题 仿真过程结束，车辆还没有释放完毕。仿真路网边缘拥堵严重，很多车辆无法进入路网，拥堵直接扩散到仿真路网之外。

（2）仿真时间问题 仿真时间结束，路网交通拥堵还没有消散。交通拥堵在仿真时段内仍然继续，超出了仿真时长。

如果出现以上情况，需要对其仿真结果进行适当修正以便进行方案运行效果比较，具体修正方法如下：

空间问题修正：仿真过程中出现严重拥堵，仿真路网便无法正常加载仿真车辆。比如有些情况下，车流进入路网便开始排队，一直到仿真结束。仿真研究人员可以试着扩大仿真路网边缘，建立虚拟路网结构。如果这种方法也不奏效，路网车公里（或路网车小时）指标便不再是有效评价指标，需要用车辆延误指标作为方案对比指标。而且一般仿真软件会记录没有进入路网的车辆数及其发车时刻，但是仿真软件并没有记录其延误数据，需要依据其发车时刻及仿真时间计算所有车辆延误，作为仿真过程中车辆延误指标。

时间问题修正：仿真结束以后，路网中仍有车辆排队。这种情况肯定会对仿真路网运行延误指标产生影响。仿真研究人员可以延长仿真时间，使拥堵完全消散再进行指标统计。如果这种方法不奏效，同样需要采用延误指标进行方案对比，并应用式（6-2）估计排队车辆的延误大小。

$$D_0 = \frac{Q^2}{2C} \tag{6-2}$$

式中　D_0——排队车辆的预测延误时间；

　　　Q——排队车辆数量；

　　　C——设施通行能力。

6.6　评价仿真方案

本部分内容讲述如何应用仿真结果对仿真方案进行评价。依据不同的仿真目的，仿真研究人员可以选取不同的评价指标，本节以常用系统评价指标为例说明仿真方案的评价方法。

6.6.1　仿真系统性能指标解释

前面提到常用衡量仿真系统性能的指标有路网的车公里数、路网的车小时数、平均运行速度。仿真方案评价由仿真指标来度量，首先需要详细分析各个指标的具体含义及其变化影响因素。

例如，路网车公里数表征了路网总体交通需求的大小，包括路网车辆出行次数及出行距离。计算方法是由路段长度乘以该路段通过的车辆数得出路段车公里数，然后求和得出路网总体车公里数。由其计算方法可以看出，在仿真时间内路网车公里数由路网车辆出行量及出行距离决定。引起方案之间路网车公里数不同的原因有：仿真随机种子选取不同、交通需求不同、不同方案路径选择不同、方案路网结构不同。

路网车小时数表征了所有车辆在路网系统中耗时大小，包括路网车辆出行次数及出行时间。计算方法是由路段车辆行程时间乘以该路段通过的车辆数得出路段车小时数，然后求和得出路网总体车小时数。路网车小时数的减少一般表明路网性能的提高。由其计算方法可以看出，路网车小时数由车辆出行数量及出行耗时共同影响，引起方案之间路网车小时数不同的原因有：仿真随机种子选取不同、交通需求不同、不同方案路径选择不同、方案路网结构不同。

系统平均运行速度是系统性能的重要度量指标，较高的平均运行速度说明仿真出行时间及费用较低。系统平均运行速度由路网车公里数除以路网车小时数得到。引起方案之间系统平均运行速度的原因同样有：仿真随机种子选取不同、交通需求不同、不同方案路径选择不同、方案路网结构不同。

6.6.2　对比 HCM 方法

《美国道路通行能力手册》（HCM）系统地研究了道路各种交通设施的通行能力及服务水平。可以参照《美国道路通行能力手册》提供的服务水平评价方法选取微观仿真模型输出指标，对仿真方案进行评价。需要注意的是，不同的交通设施所应用的评价指标不同，同时对于路网系统评价还经常需要对各个路口进行权重分配，综合计算得出路网整体评价指标。设施服务水平评价指标见表 6-1。

表 6-1　设施服务水平评价指标

交通设施类型	服务水平评价指标
信号交叉口、无信号交叉口	延误
高速公路设施	车流密度
收费广场、特殊路段	排队长度

6.7　书写仿真报告

仿真报告是前面所有工作的汇总，体现了研究及决策的整个过程。仿真报告一般分为方案报告和技术报告两个部分。

两种方案的阅读对象不同，其写作重点有所差异。方案报告的阅读对象是方案决策者，技术报告阅读对象是研究技术人员。两者内容基本都包括研究目的及范围、研究方法、数据采集、模型标定、交通需求预测、仿真方案描述、仿真结果说明、建议决策方案。其中，仿真方案报告重点在于仿真方案的描述及选择，为了能够让技术人员重复仿真试验，仿真技术报告中需要有详细的数据采集方案、交通需求预测及模型标定过程。

第 3 篇

微观仿真实训

第 **7** 章 试验练习

7.1 仿真场景中车道宽度对单车道通行能力影响研究试验

7.1.1 试验目标

通过仿真试验，研究仿真场景中车道宽度变化对单车道通行能力的影响，熟悉微观交通仿真试验的基本方法与流程；理解应用仿真分析方法求解道路交通设施通行能力的基本思路；融合统计学知识，分析不同车道宽度对通行能力的影响。

7.1.2 背景知识

按照道路通行能力的基本定义，基本路段通行能力是指单位时间内通过基本路段均匀断面的最大小时流率。由此，该试验的核心内容是统计路段断面交通通行量，需要设置车辆检测器。通常来说，路段通行能力受交通组成、车道宽度、车道数量和车辆运行速度的综合影响。

1）交通组成。交通组成是指路段服务交通流的车辆组成，车流中大型车或公交车比例越高，路段断面通过的车辆数就越少。这是由于大型车或公交车的动力性能、车辆体积均与小汽车有所差别。在保证通行能力相等的条件下，将不同种类车型按照一定系数折算成标准小汽车，可实现通行能力的统一度量，这也是车辆折算系数的由来。

2）车道宽度。路段车道是车辆通行的直接载体，车道两侧边缘线是车辆行驶时的参照与制约，车辆需要按照车道宽度限制和空间规则运行。车道宽度越宽，车辆的驾驶自由度越大，对应的行驶速度越高。速度高意味着效率提升，但也意味着安全风险的增加。常见公交车车身宽度为 2.5m，家用小汽车车身宽度在 1.6～1.8m，如何合理设置车道宽度，保证效率和安全，同时节约用地，是交通工程从业人员需要思考的问题。

3）车道数量。车道数量影响往往是由于驾驶人在路段中行驶车道的选择偏好引起的。在多车道路段中，为保证驾驶舒适性，驾驶人优先选择内侧车道，缘于最外侧（最右侧）车道受公交车、大型车或其他进出口设施干扰而降低驾驶舒适性。由此，多车道路段车道通行能力并不均衡，不同车道交通流量有所区别。

4）车辆运行速度。车流运行速度是通行能力的决定性要素。道路通行能力本质上来说是道路空间的利用效率。车辆运行速度提高，通过断面所占用的时间越短，车辆接受道路服务的时间效率显著提升。同时，车辆运行速度提高，车辆之间间隙也会拉长，这是又存在一定的空间资源浪费。两者之间相互依存，致使通行能力变化与速度变化并非线性关系。

以上均是对现实场景中交通流而言的，在仿真场景中，这些要素是否仍然体现出相同的影响效果是本次试验需要验证的内容。现有流行的微观仿真软件的核心模块是车辆运动模型，其中跟驰模型具体公式如下：

$$BX = (BX\_add + BX\_mult * z) * (v^0.5) \tag{7-1}$$

式中　　　　　　　　BX——安全距离，与停车间距（定值）之和构成车辆间距离；

BX_add、BX_mult——实际参数；

v——车辆运行速度；

z——[0，1] 之间随机数值，每辆车均不同，受仿真随机种子影响。

由此可见，VISSIM 仿真模型中车辆间距是行驶速度的 0.5 次方函数。如果间距过大或者过小，那么软件系统会通过加、减速度取值的设定来进行调整。

7.1.3　试验设计与开展

本次试验拟依托 VISSIM 仿真平台对路段通行能力影响要素开展定量研究。通常科学试验分为单因素分析与多因素综合分析：单因素分析中只有 1 个固定因素在变化；多因素分析中会有多个试验因素同时变化。本试验为单因素仿真研究。

1. 仿真条件分析

针对试验目的，本次仿真试验仅对车道宽度这单一因素变化而引起的通行能力变化进行量化研究，仿真试验条件如下：

1）道路条件。实际道路条件中常见车道宽度为 2.80m、2.90m、3.00m、3.10m、3.25m、3.50m 及 3.75m，由此需要设计七组单车道试验；车道长度设置为 500m。

2）交通条件。不考虑车型对通行能力的影响，车辆输入的交通组成设置为100% 小汽车；车辆期望车速取 70km/h；起始流量输入为 1000pcu/h（每小时通过的标准车车流量），每 5min 输入流量提升一阶、增加幅度为 200pcu/h，直至仿真结束。

3）控制条件。车辆自由运行，无控制措施。

4）仿真参数。每次试验取仿真时长 3600s；选取 Wiedemann 99 模型作为驾驶行为模型，应用默认参数进行模拟；设置车辆检测器作为检测设备；分别选取 40、50、60、70、80、90、100、110、120、130 作为随机种子，取每次试验结果均值作为最终结果以均衡随机性。

2. 仿真模型构建

具体建模过程如下所示：

第一步，构建基本仿真场景。打开 VISSIM 软件，激活"路段"选项，在工作区域按〈ALT〉键 + 鼠标右键绘制七条单车道，并将每条车道的宽度设置为 2.80m、2.90m、3.00m、3.10m、3.25m、3.50m 及 3.75m，如图 7-1 所示。

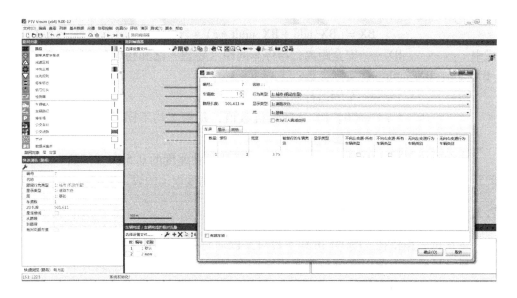

图 7-1　构建基本仿真场景

第二步，设置交通组成。单击菜单"交通"→"车辆组成"选项，出现交通组成设置窗口，在窗口空白处单击右键，出现"Add"选项，单击即可增加交通组成设置，命名为"new"。设置交通组成参数为期望车速为 70km/h，相对流率为 1，如图 7-2 所示。

第三步，设置输入流量。激活"车辆输入"选项，单击左键选中拟输入流量路段，然后单击右键，进入"车辆输入/时间间隔内的车流量"窗口，如图 7-3 所示。

在"车辆输入/时间间隔内的车流量"窗口空白处单击右键，出现"编辑时

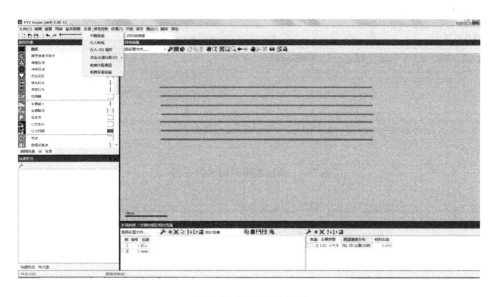

图 7-2　设置交通组成

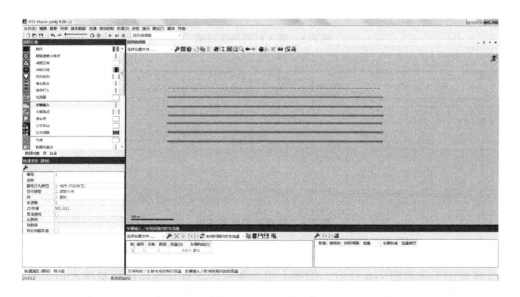

图 7-3　流量编辑

间区间"选项,如图 7-4 所示;单击左键选中"编辑时间区间",进入流量分段设置模式,如图 7-5 所示;左键单击图中 ➕ ,添加 12 个时间段,每 300s 为一个间隔,如图 7-6 所示。

　　进入流量输入窗口,"车辆构成"选项设置为"2:new",同时取消左侧子

图 7-4　调出编辑时间区间界面

图 7-5　进入时间间隔编辑

图 7-6　完成时间区间编辑

窗口中复选框的"√"，即各个时间段流量不连续，然后依次设置流量输入值，具体如图 7-7 和图 7-8 所示。按照上述步骤依次设置其他路段流量输入值，如图 7-9 所示。需要注意的是，VISSIM 高级版本可以复制粘贴，可直接将之前流量设置复制到新设置中；另外需要核实分时段流量输入的"车辆构成"是否调整。

　　第四步，设置流量检测器并激活。激活"数据采集点"选项，单击左键选择拟设置检测器路段，单击右键设置位置，完成数据采集检测器设置，如图 7-10 所示。在"评估"菜单中选中"测量定义"→"数据采集设施"，进入截面数据采集器界面，如图 7-11 和图 7-12 所示；单击左键图中 ➕，添加七个

图 7-7　设置车辆构成

图 7-8　设置不同时间区间输入流量值

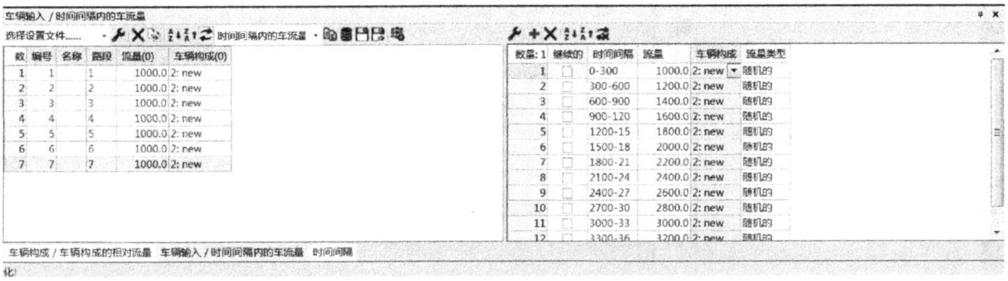

图 7-9　设置每一路段流量输入值

检测单元，每一个路段一个，并选择相应检测器编号，至此完成检测器激活（图7-13）；而后进入"评估"→"配置"选项卡（图7-14），勾选数据采集，并设置记录时间间隔为100s，这样检测器才能开展数据记录工作，在该选项卡"结果管理"选项勾选"仅多次运行"（图7-15），即数据记录过程中只是把多次运行数据进行统计分析，其他单次运行不进行合并统计。

　　第五步，设置软件运行参数。在"仿真"菜单中选择"参数"选项卡（图7-16），设置仿真时间为3600s，初始随机种子为40，运行次数为10，随机种子增量为10（图7-17）。

　　第六步，保存文件并仿真运行。正常仿真运行界面如图7-18所示，可以按

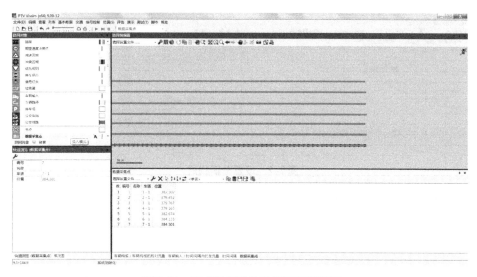

图7-10　完成数据采集检测器设置界面

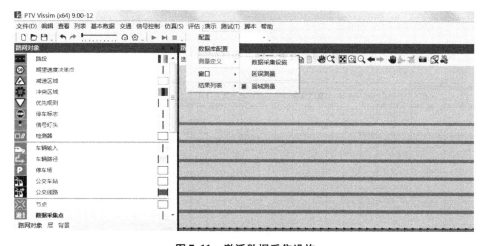

图7-11　激活数据采集设施

图7-12　截面数据采集界面

图 7-13　完成数据采集设施激活

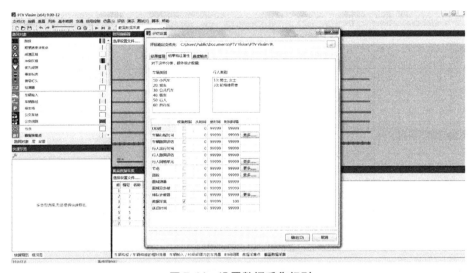

图 7-14　设置数据采集规则

图 7-15　设施数据记录管理

图 7-16　仿真参数设置选项

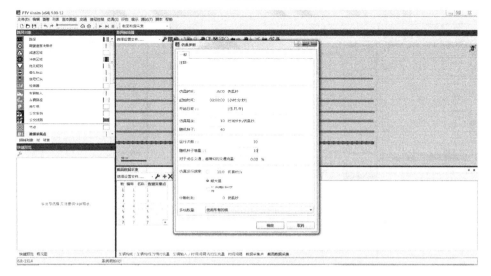

图 7-17　设置仿真参数

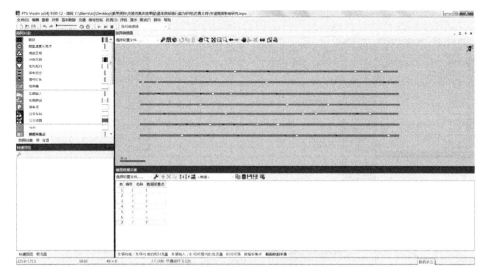

图 7-18　仿真运行界面

〈Ctrl＋Q〉键隐藏车辆图像，从而提升仿真效率（图 7-19）；可以从"评估"菜单中"结果列表"选项中选择"数据搜集结果"选项（图 7-20），调出数据记录表（图 7-21），待仿真结束后保存该文件，完成数据采集工作。

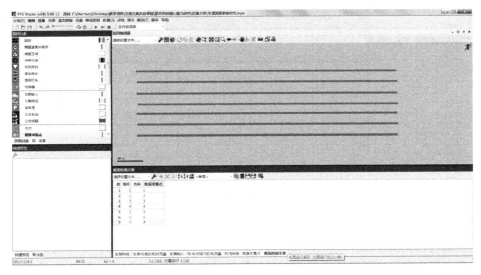

图 7-19　隐藏车辆显示

图 7-20　调出数据记录表操作路径

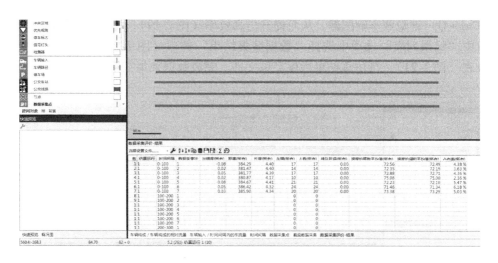

图 7-21　调出数据记录表

3. 试验数据提取

通过以上实际操作，可以获取数据记录表，如图 7-22 所示，表中第 1 列为仿真运行次数，本试验中设置不同随机种子仿真 10 次，该列将出现 10 次仿真结果；第 2 列为时间间隔，即数据采集的时间间隔，在本试验第四步设置为 100s，即每 100s 对通过检测器的车辆信息进行统计；第 4 列为数据采集器的编号，本次试验七个路段，每个路段一个检测器，编号从 1 到 7；第 5 列为加速度，记录本段时间间隔内通过检测器车辆的平均加速度；第 6 列为距离，记录检测器在路段放置位置；第 7 列为长度，记录本段时间间隔内通过检测器车辆的平均长度；第 8 列为车辆数，记录本段时间间隔内通过检测器车辆的总体数量；第 9 列为人数，记录本段时间间隔内通过检测器车辆的总体载客人数（默认情况下一车一人）；第 10 列为排队延误，记录本段时间间隔内通过检测器车辆的平均排

数	仿真运行	时间间隔	数据采集法	加速度(所有)	距离(所有)	长度(所有)	车辆(所有)	人数(所有)	排队延误(所有)	速度的算术平均值(所有)	速度的调和平均值(所有)	占有率(所有)
1 1		1400-15	2	-0.04	381.32	4.39	45	45	0.00	70.77	70.67	10.07 %
1 1		1400-15	3	0.04	381.66	4.42	54	54	0.00	70.74	70.69	12.15 %
1 1		1400-15	4	-0.00	380.98	4.37	46	46	0.00	70.67	70.58	10.26 %
1 1		1400-15	5	-0.01	384.55	4.41	37	37	0.00	70.30	70.17	8.36 %
1 1		1400-15	6	-0.03	386.04	4.32	55	55	0.00	70.95	70.81	12.10 %
1 1		1400-15	7	-0.01	386.43	4.38	54	54	0.00	69.92	69.86	12.19 %
1 1		1500-16	1	0.15	384.08	4.28	65	65	0.00	69.86	69.75	14.51 %
1 1		1500-16	2	-0.02	381.42	4.39	53	53	0.00	71.16	71.07	11.79 %
1 1		1500-16	3	0.00	381.93	4.32	53	53	0.00	70.83	70.79	11.67 %
1 1		1500-16	4	-0.01	381.31	4.39	54	54	0.00	69.98	69.98	12.20 %
1 1		1500-16	5	0.04	384.53	4.34	50	50	0.00	69.90	69.85	11.18 %
1 1		1500-16	6	-0.02	386.11	4.42	58	58	0.00	69.87	69.80	13.21 %
1 1		1500-16	7	-0.01	386.45	4.33	54	54	0.00	69.99	69.97	12.02 %
1 1		1600-17	1	-0.03	384.20	4.43	45	45	0.00	70.96	70.84	10.12 %
1 1		1600-17	2	0.01	381.38	4.41	62	62	0.00	70.38	70.34	13.99 %
1 1		1600-17	3	-0.00	381.60	4.39	63	63	0.00	69.96	69.89	14.26 %
1 1		1600-17	4	-0.05	381.12	4.37	49	49	0.00	70.34	70.06	11.08 %
1 1		1600-17	5	-0.02	384.71	4.33	54	54	0.00	70.33	70.28	11.97 %
1 1		1600-17	6	-0.03	386.03	4.43	54	54	0.00	70.07	70.04	14.79 %

车辆构成 / 车辆构成的相对流量　车辆输入 / 时间间隔内的车流量　时间间隔　数据采集点　截面数据采集　数据采集评价-结果

图 7-22　数据记录表

队延误值；第 11、12 列分别为速度算数平均值和调和平均值，记录本段时间间隔内通过检测器车辆的算术平均速度和调和平均速度；第 13 列为占有率，记录本段时间间隔内车辆通过检测器的时间占有率。

　　左键单击数据记录窗口上方的数据保存按钮，进入路径保存窗口，将数据放入理想位置进行保存。数据保存文件为 . att 格式（图 7-23、图 7-24）。

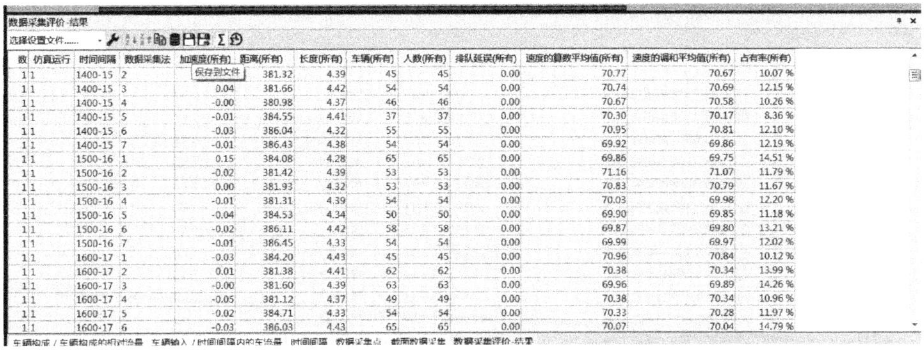

图 7-23　左键单击数据保存按钮

图 7-24　设置数据保存路径

　　为便于分析，通常利用 Excel 软件打开数据文件。具体方法为：在数据文件路径下新建一个 Excel 文件，并打开；在 Excel 文件中按照"文件"→"打开"→"计算机"的操作次序找到数据保存文件下，将打开选框中的文件格式调整为"所有文件"（图 7-25）；选中并打开仿真结果文件，进入"文本导入向导"选项卡（图7-26）；在"文本导入向导"选项卡中，第一步选择"分隔符号"选项，单击"下一步"按钮，进入第二步（图7-27），勾选所有"分隔符号"复选框，然后单击"完成"按钮即可完成数据文件打开（图7-28）。数据文件具体内容请参考上述数据说明。

图 7-25　利用 Excel 软件打开数据文件

图 7-26　进入"文本导入向导"选项卡

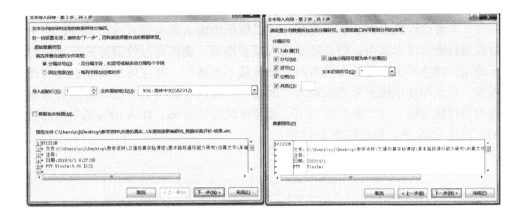

图 7-27　选择文本导入规则

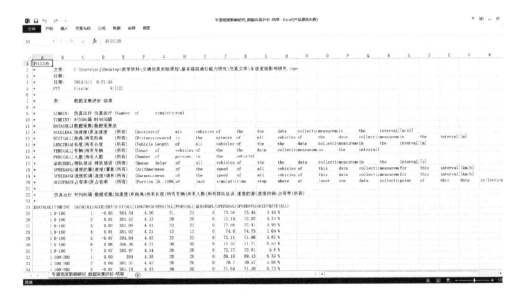

图 7-28　打开成功后的数据文件

4. 试验数据分析

试验核心目标是分析车道宽度对车道通行能力的影响，首先需要统计出每一次仿真试验得到的通行能力结果。以第 1 路段（车道宽度 2.80m）第 1 次仿真试验为例，从数据表中筛选出 0～3600s 仿真过程中的数据记录，第 1 路段随机种子为 40 时输出数据变化图如图 7-29 所示。图中横坐标为数据统计时间段，"1"代表第 0～100s，"19"代表 1800～1900s；纵坐标代表每 100s 通过检测器的车流量。从数据变化图上可以看出：随着仿真时间的推进，每 100s 通过检测

71

器的车流量呈现先逐步增加而后趋于稳定的变化过程。这是由于当输入流量较小时，车道通行能力大于输入流量，可以概括为输入多少即可输出多少，这个阶段通行能力较为富余；但是随着输入流量增加，能够通过检测器的车流量趋于稳定，即达到了车道通行能力时，输出量不再增加，并且仿真软件也会出现报警，显示部分车辆没有完成输入。由此可将稳定后输出数值的均值作为该车道的通行能力值。对于图7-29而言，稳定区域均值为68，即每100s通过检测器的车流量为68辆，每小时为2448辆。

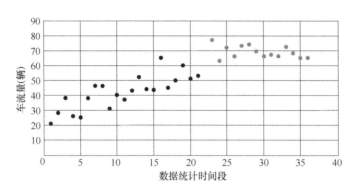

图7-29　第1路段随机种子为40时输出数据变化图

通过相同方法，可以获取所有路段不同随机种子下的通行能力值，具体见表7-1。由此表可以看出，同一车道宽度、在不同随机种子的影响下，路段通行能力是有所差异的；不同车道宽度条件下，车道通行能力数值也有所不同。在仿真场景下，车道宽度究竟有没有显著影响，需要应用统计学中的假设检验方法对数据之间的差异性进行分析。

表7-1　仿真数据结果汇总　　　　　（单位：辆/h）

车道宽度为2.80m路段									
RD	40	50	60	70	80	90	100	110	120	130
c_1	2448	2284	2412	2513	2343	2536	2372	2477	2343	2376

车道宽度为2.90m路段									
RD	40	50	60	70	80	90	100	110	120	130
c_2	2395	2408	2389	2454	2385	2461	2572	2425	2484	2441

车道宽度为3.00m路段									
RD	40	50	60	70	80	90	100	110	120	130
c_3	2409	2445	2347	2369	2389	2409	2507	2435	2412	2432

（续）

车道宽度为 3.10m 路段

RD	40	50	60	70	80	90	100	110	120	130
c_4	2353	2438	2340	2474	2389	2399	2494	2399	2255	2402

车道宽度为 3.25m 路段

RD	40	50	60	70	80	90	100	110	120	130
c_5	2412	2389	2392	2363	2455	2425	2376	2576	2513	2428

车道宽度为 3.50m 路段

RD	40	50	60	70	80	90	100	110	120	130
c_6	2435	2441	2317	2471	2563	2464	2360	2389	2399	2536

车道宽度为 3.75m 路段

RD	40	50	60	70	80	90	100	110	120	130
c_7	2438	2383	2477	2353	2477	2507	2360	2320	2314	2556

注：表中 RD 标识随机种子；c 代表通行能力（辆/h）。

假设检验是推论统计中用于检验统计假设的一种方法。而"统计假设"是可通过观察一组随机变量的模型进行检验的科学假说。一旦能估计未知参数，就希望根据结果对未知的真正参数值做出适当的推论。假设检验的种类包括 t 检验、Z 检验、卡方检验、F 检验等。本例中应用 SPSS 软件进行假设检验分析，具体流程如下：

1）打开 SPSS 软件（本书中版本为 IBM SPSS Statistics 24），在"变量视图"中构建七个变量，对应七组车道宽度不同的通行能力值；然后在"数据视图"中将表 7-1 中通行能力值复制到变量对应列，设置数据变量及为变量赋值如图 7-30 所示。

2）通过菜单"分析"选择"比较平均值"，单击"成对样本 T 检验"选项，进入数据配对选项卡，分别将七组数据连续配对比较，设置"成对样本 T 检验"设置框（图 7-31）。设置完成后单击"确定"按钮开展检验工作。

3）配对样本检验结果见表 7-2，如果显著性（双尾）值大于 0.05，表明数据对之间无显著性差异，如果显著性（双尾）值小于 0.05，说明数据对差异显著。从结果来看，各个数据之间均无显著性差异，可以得出仿真场景下车道宽度变化对路段通行能力无显著影响的结论。

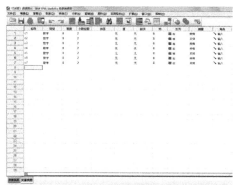

图 7-30　设置数据变量及为变量赋值

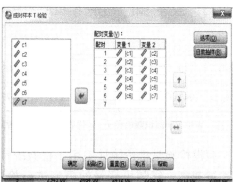

图 7-31　选取成对样本开始检验

表 7-2　配对样本检验结果

配对组合		配对差值					t	自由度	显著性（双尾）值
		平均值	标准差	标准误差平均值	差值95%置信区间				
					下限	上限			
配对 1	$c_1 - c_2$	-31.000	98.197	31.050	-101.246	39.246	-0.998	9	0.344
配对 2	$c_2 - c_3$	26.000	42.301	13.377	-4.260	56.260	1.944	9	0.084
配对 3	$c_3 - c_4$	21.100	64.049	20.254	-24.718	66.918	1.042	9	0.325
配对 4	$c_4 - c_5$	-38.600	117.157	37.048	-122.409	45.209	-1.042	9	0.325
配对 5	$c_5 - c_6$	-4.600	101.861	32.211	-77.467	68.267	-0.143	9	0.890
配对 6	$c_6 - c_7$	19.000	82.272	26.017	-39.854	77.854	0.730	9	0.484

7.1.4 试验小结

通过仿真建模、数据提取、数据分析等过程，得出在仿真场景下车道宽度变化对路段通行能力没有影响的结论，这与实际道路交通运营存在明显矛盾。大家需要思考，为什么会出现这样的情况。

在实际道路条件下，车道宽度与运行速度是相互关联的，而在仿真试验中直接设定车辆期望车速，打破了车道宽度与车辆运行速度的关系特征。所以通过本试验，同学们需要认识到微观仿真软件中车速设置极为关键，在单通道条件下，车道宽度仅仅提供了车辆运行范围，并不对运行状态产生影响。

另外，需要大家思考的问题是：在 70km/h 条件下，单条通道通行能力现实道路场景值是多少？通过仿真得到的值是多少？差别在哪里？

7.2 仿真场景中车道数量对路段交通流运行影响研究试验

7.2.1 试验目标

通过仿真试验，研究仿真场景中车道数量对交通流运行的影响，尤其是对车道通行能力的影响，进一步熟悉微观交通仿真试验基本方法与流程；融合统计学知识分析不同车道宽度对通行能力的影响分析。

7.2.2 背景知识

参照第 7.1 节中背景知识说明，车道数量影响往往是驾驶人在路段中行驶车道的选择偏好引起的。在多车道路段中，为保证驾驶舒适性，驾驶人优先选择内侧车道，这是由于最外侧（最右侧）车道受到公交车、大型车或其他进出口设施干扰而降低驾驶舒适性。由此，多车道路段车道通行能力并不均衡，不同车道交通流量有所区别。本例中的仿真试验的目标是探索仿真场景中多车道交通流运行与实际运行的差别。

7.2.3 试验设计与开展

1. 仿真条件分析

针对试验目的，本次仿真试验仅对车道数量这个单一因素变化而引起的交通流状态变化进行研究，仿真试验条件如下：

1）道路条件。实际道路条件中常见车道数量有 1 车道、2 车道、3 车道、4 车道（均为单向），由此需要设计四组车道模型；车道宽度设置为 3.5m；车道长度设置为500m。

2）交通条件。不考虑车型对通行能力的影响，车辆输入的交通组成设置为100%小汽车；车辆期望车速取60km/h；起始流量输入为1000n辆/h（n为车道数量），每5min输入流量提升一阶，增加幅度为200n辆/h，直至仿真结束。

3）控制条件。车辆自由运行，无控制措施。

4）仿真参数。每次实验仿真时长取3600s；选取Wiedemann 99模型作为驾驶行为模型，应用默认参数进行模拟；分车道设置车辆检测器作为检测设备；分别选取40、50、60、70、80、90、100、110、120、130作为随机种子，取每次试验结果均值作为最终结果以均衡随机性。

2. 仿真模型构建

具体建模过程如下：

第一步，构建基本仿真场景。打开VISSIM软件，激活"路段"选项，在工作区域按〈ALT〉键+鼠标右键绘制四组路段，车道数量分别为1、2、3、4，"行为类型"选择"3：高速路（自由换道）"，建立基础模型如图7-32所示。

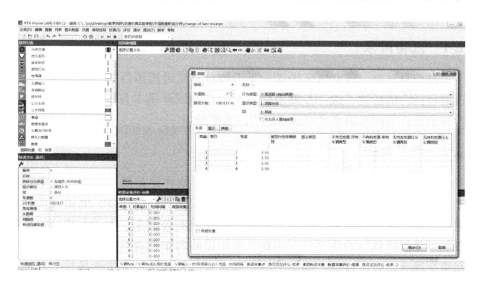

图7-32　建立基础模型

第二步，设置交通组成。单击菜单"交通"→"车辆组成"命令，出现"车辆构成/车辆构成的相对流量"设置窗口，在窗口空白处单击右键，出现"Add"选项，单击即可增加交通组成设置，命名为"new"。设置交通组成参数为"期望速度分布"为70km/h，"相对车流"为1。设置交通组成如图7-33所示。

第三步，设置输入流量。激活"车辆输入"选项，单击左键选中拟输入流

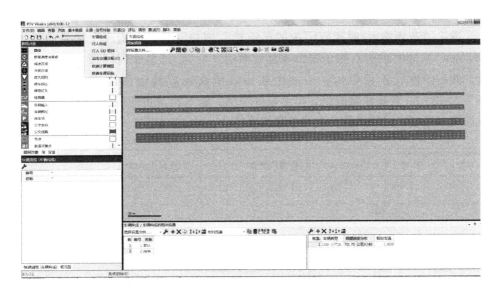

图 7-33　设置交通组成

量路段，然后单击右键，进入"车量输入/时间间隔内的车流量"编辑窗口。流量编辑如图 7-34 所示。

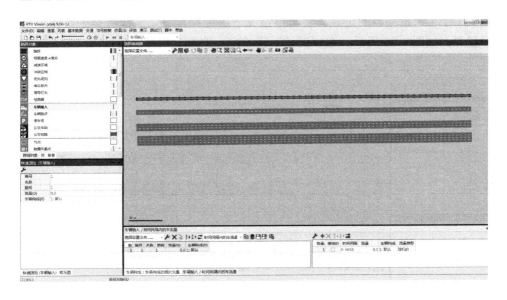

图 7-34　流量编辑

在"车辆输入/时间间隔内的车流量"编辑窗口空白处单击右键，出现"编辑时间区间"选项，单击左键选中"编辑时间区间"进入流量分段设置模式，左键单击图中的➕按钮，添加12个时间段，每300s为一个间隔。

进入“车辆输入/时间间隔内的车流量”窗口，“车辆构成”选项设置为“2：new”，同时取消右侧子窗口中复选框的“√”，即各个时间段流量并不连续，然后依次设置流量值；按照上述步骤依次完成其他路段流量输入，如图7-35所示。需要注意的是，车道数量增加，输入流量也应成倍增加，软件中流量输入是整体路段流量，而非单车道流量。

数	编号	名称	路段	流量(0)	车辆构成(0)
1	1		1	1000.0	2: new
2	2		2	2000.0	2: new
3	3		3	3000.0	2: new
4	4		4	4000.0	2: new

数量: 1	继续的	时间间隔	流量	车辆构成	流量类型
4		900-120	6400.0	2: new	随机的
5		1200-15	7200.0	2: new	随机的
6		1500-18	8000.0	2: new	随机的
7		1800-21	8800.0	2: new	随机的
8		2100-24	9600.0	2: new	随机的
9		2400-27	10400.0	2: new	随机的
10		2700-30	11200.0	2: new	随机的
11		3000-36	12000.0	2: new	随机的
12		3600-MA	12800.0	2: new	随机的

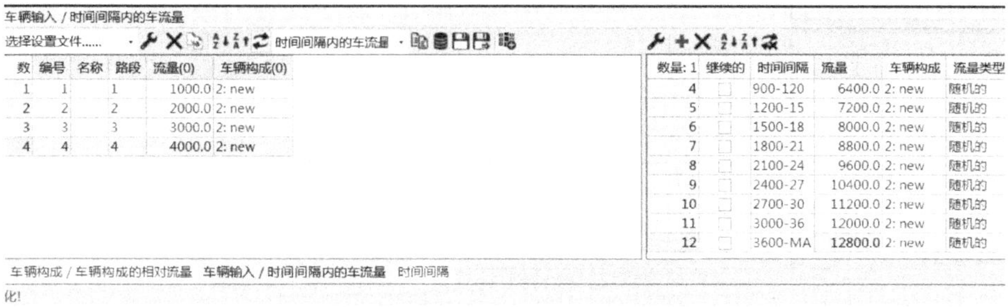

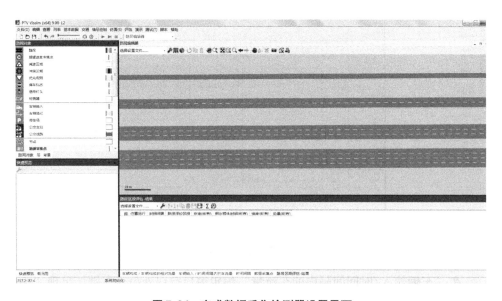

图7-35　设置每一路段流量输入值

第四步，设置流量检测器并激活。激活“数据采集点”选项，单击左键选择拟设置检测器车道，单击右键设置位置，完成设置环节，注意每次设置只能完成1个车道检测器的设置，多车道情况下应连续设置。完成数据采集检测器设置界面如图7-36所示。在“评估”菜单中，选中“测量定义”→“数据采集

图7-36　完成数据采集检测器设置界面

设施"命令，进入截面数据采集界面，如图 7-37 所示；左键单击工作框中图中的 ✚ 按钮，添加 10 个检测单元，每一条车道一个检测器，并选择相应检测器编号（图 7-38），至此完成检测器激活；而后单击"评估"→"配置"命令，勾选"数据采集"复选框，并设置"时间间隔"为 100s，这样检测器才能开展数据记录工作，在该对话框中的"结果管理"选项卡中选中"仅当前（多次）运行"选项，即数据记录过程中只是把多次运行数据进行统计分析，其他单次运行不进行合并统计（图 7-39）。

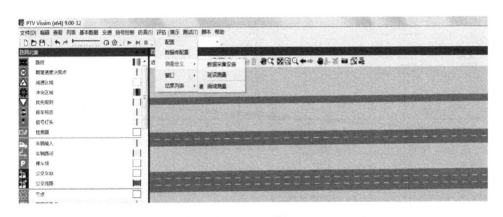

图 7-37　激活数据采集设施

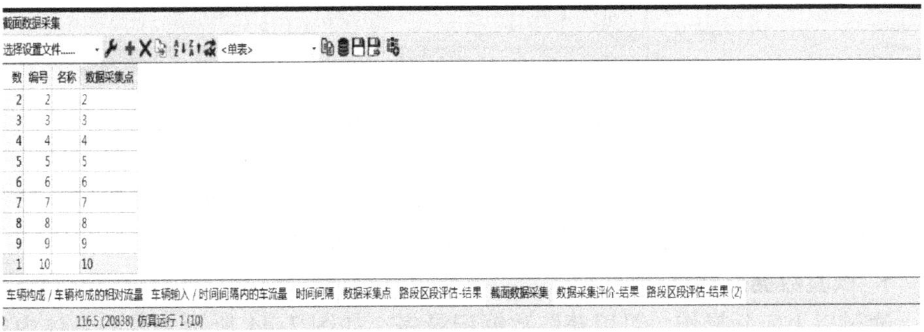

图 7-38　截面数据采集界面

第五步，设置软件运行参数。在"仿真"菜单中选择"参数"命令，如图 7-40 所示，设置仿真时间为 3600s、随机种子为 40、仿真精度为 10 时间步长/s、随机种子增量为 10（图 7-41）。

第六步，保存文件并仿真运行。正常仿真运行界面如图 7-42 所示，可以按〈Ctrl + D〉键进入三维视图，按〈Ctrl + Q〉键隐藏车辆图像，从而提升仿真效

图7-39　设置数据采集规则

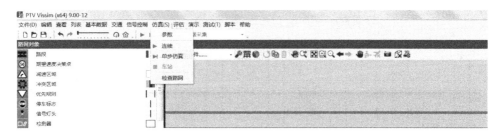

图7-40　仿真参数设置命令

率；可以从"评估"菜单中"结果列表"选项中选择"数据搜集结果"命令（图7-43），调出数据记录表，待仿真结束后保存该文件，完成数据采集工作。

3. 试验数据提取

通过以上实际操作，可以获取数据记录表，如图7-44所示，表中具体内容含义见第7.1节。

左键单击数据记录窗口上方的数据保存按钮，进入路径保存窗口，将数据放入理想位置进行保存。为便于分析，通常利用Excel软件打开数据文件。具体方法见第7.1节。

4. 试验数据分析

路段通行能力是交通流运行特征的核心指标，本例同样先梳理出每一条车道的通行能力数值，具体方法见第7.1节。仿真数据结果汇总见表7-3。

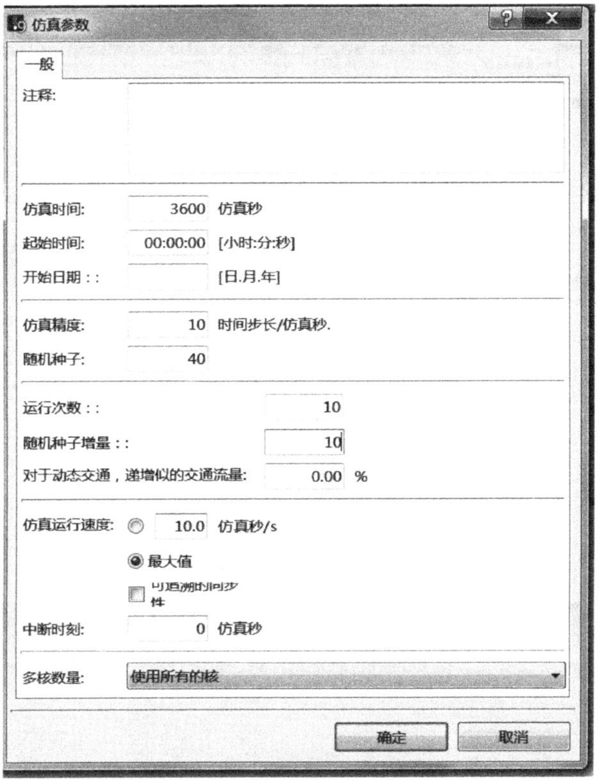

图 7-41　仿真参数设置完成

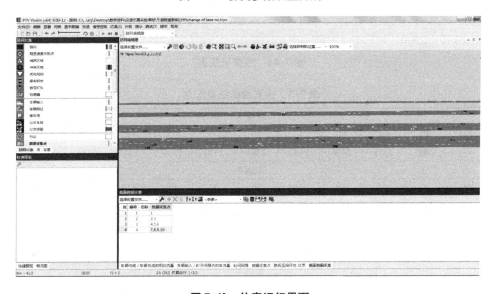

图 7-42　仿真运行界面

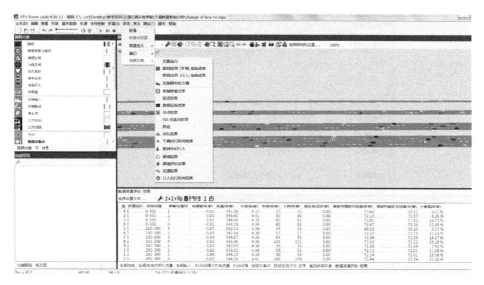

图 7-43　调出数据记录表

图 7-44　数据记录表

表 7-3　仿真数据结果汇总　　　　　　　　　　（单位：辆/h）

车道 1									
RD	40	50	60	70	80	90	100	110	120	130
c_1	2406	2368	2404	2442	2384	2520	2359	2442	2384	2340

车道 2									
RD	40	50	60	70	80	90	100	110	120	130
c_2	2390	2429	2495	2404	2304	2412	2323	2456	2249	2426

车道 3									
RD	40	50	60	70	80	90	100	110	120	130
c_3	2420	2451	2384	2415	2310	2379	2321	2481	2296	2426

车道 4									
RD	40	50	60	70	80	90	100	110	120	130
c_4	2406	2393	2548	2393	2451	2517	2490	2326	2337	2398

（续）

车道 5									
RD	40	50	60	70	80	90	100	110	120	130
c_5	2409	2359	2495	2334	2531	2603	2512	2287	2276	2423

车道 6									
RD	40	50	60	70	80	90	100	110	120	130
c_6	2401	2357	2550	2348	2487	2498	2404	2312	2373	2440

车道 7									
RD	40	50	60	70	80	90	100	110	120	130
c_7	2340	2246	2412	2340	2503	2406	2382	2520	2384	2329

车道 8									
RD	40	50	60	70	80	90	100	110	120	130
c_8	2329	2343	2395	2370	2539	2393	2329	2487	2334	2321

车道 9									
RD	40	50	60	70	80	90	100	110	120	130
c_9	2382	2323	2401	2418	2520	2423	2456	2426	2365	2321

车道 10									
RD	40	50	60	70	80	90	100	110	120	130
c_{10}	2484	2268	2379	2351	2539	2373	2484	2456	2282	2323

注：表中 RD 标识随机种子；c 代表通行能力（辆/h）。

应用 SPSS 软件对以上数据进行"成对样本 T 检验"，检验结果见表 7-4，显著性值均大于 0.05，可以判定车道之间通行能力没有显著性差异。

表 7-4　配对样本检验结果

配对样本检验								
配对组合		配对差值					t	自由度	显著性（双尾）值
		平均值	标准差	标准误差平均值	差值 95% 置信区间				
					下限	上限			
配对 1	$c_1 - c_2$	16.323	79.238	25.057	-40.360	73.007	0.651	9	0.531
配对 2	$c_2 - c_3$	0.554	44.457	14.059	-31.249	32.357	0.039	9	0.969
配对 3	$c_3 - c_4$	-37.662	110.940	35.082	-117.023	41.700	-1.074	9	0.311
配对 4	$c_4 - c_5$	2.769	55.107	17.426	-36.652	42.190	0.159	9	0.877
配对 5	$c_5 - c_6$	6.092	64.942	20.536	-40.364	52.549	0.297	9	0.773
配对 6	$c_6 - c_7$	30.738	100.233	31.697	-40.964	102.441	0.970	9	0.357
配对 7	$c_7 - c_8$	2.215	45.443	14.370	-30.293	34.723	0.154	9	0.881
配对 8	$c_8 - c_9$	-19.385	51.428	16.263	-56.174	17.405	-1.192	9	0.264
配对 9	$c_9 - c_{10}$	9.415	56.815	17.967	-31.228	50.059	0.524	9	0.613
配对 10	$c_{10} - c_1$	-11.062	103.235	32.646	-84.912	62.789	-0.339	9	0.743

7.2.4　试验小结

通过仿真建模、数据提取、数据分析等过程，得出在仿真场景下车道数量变化对路段通行能力没有影响的结论，这也与实际道路交通运营存在明显矛盾。需要思考为什么会出现这样的情况。

在实际道路条件下，驾驶人对车道选择以及外侧车道功能属性是导致车道交通流分布不均衡的诱因。仿真场景并不能体现驾驶人个人意志，更多是在参数设置条件下控制完成运动行为。

在实际道路交通场景中，由于车辆换道而引起的交通拥堵较为多见。它们通常发生在交叉口、分合流区等设施类型中，车辆换道行为属于强制性换道，目的是改变行驶方向。而在仿真场景中，随着车道数量增加，车辆换道行为也会随之增加，但是这里的换道行为更多是为了提升自身期望车速，并不改变方向，也不会对整体交通流运行产生影响。

7.3　仿真场景中车辆期望车速对车道通行能力影响研究试验

7.3.1　试验目标

通过仿真试验，研究仿真场景中车辆期望车速变化对车道通行能力的影响；熟悉微观交通仿真试验基本方法与流程；加深理解车辆运行速度与通行能力的关系；强化对道路交通运行的感性认识，逐步掌握分析交通问题、设计仿真试验的基本思路。

7.3.2　背景知识

车流行驶速度是通行能力的决定性要素。道路通行能力本质上来说是道路空间的利用效率，车辆运行速度越高，通过断面所占用的时间越短，车辆接受道路服务的时间效率会显著提升。同时，车辆运行速度越高，车辆之间的间隙也会拉长，这是又存在一定的空间资源浪费。两者之间存在相互依存的关系，致使通行能力变化与速度变化并非线形关系。本例中的试验通过仿真场景，研究学习速度与路段通行能力的关系。

7.3.3　试验设计与开展

1. 仿真条件分析

针对试验目的，本次仿真试验仅对车辆期望车速这个单一因素变化而引起的通行能力变化进行量化研究，仿真试验条件如下：

1）道路条件。选取单向单车道路段设施作为研究对象；车道宽度选取 3.5m；车道长度设置为 500m。

2）交通条件。不考虑车型对通行能力的影响，车辆输入的交通组成设置为 100% 小汽车；起始流量输入为 1000pcu/h，每 5min 输入流量提升一阶，增加幅度为 200pcu/h，直至仿真结束；车辆期望车速取 40km/h、50km/h、60km/h、70km/h、80km/h、90km/h、100km/h 七个水平，每一水平上下浮动 2km/h。

3）控制条件。车辆自由运行，无控制措施。

4）仿真参数。每次实验仿真时长取 3600s；选取 Wiedemann 99 模型作为驾驶行为模型，应用默认参数进行模拟；设置车辆检测器作为检测设备；分别选取 40、50、60、70、80、90、100、110、120、130 作为随机种子，取每次试验结果均值作为最终结果以均衡随机性。

2. 仿真模型构建

具体建模过程如下：

第一步，构建基本仿真场景。打开 VISSIM 软件，激活"路段"选项，在工作区域按〈ALT〉键 + 鼠标右键绘制七条单车道路段，并将每条车道的宽度设置为 3.5m，驾驶行为类型设置为"3：高速路（自由换道）"。建立基础模型如图 7-45 所示。

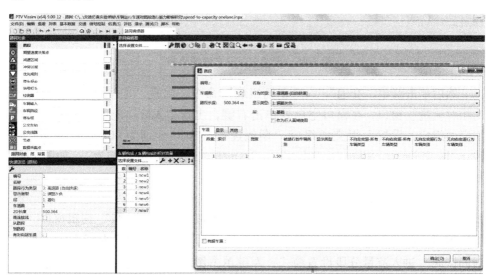

图 7-45　建立基础模型

第二步，设置交通组成。单击菜单"基本数据"→"分布"→"期望车速"命令，首先设置车辆期望速度分布。期望速度分布设置路径如图 7-46 所示。在"期望速度分布/速度分布的数据点"窗口中双击40km/h所在行，调整分布曲线为均匀分布，下限38km/h、上限为40km/h。依次设置50km/h、60km/h、70km/h、80km/h、90km/h、100km/h。期望车速设置窗口如图7-47所示，窗口中红色控制点可以移动，右侧坐标轴代表百分比，表示不同速度分布的占比。

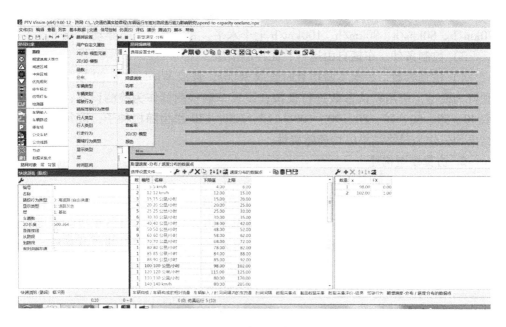

图7-46　期望车速分布设置路径

　　然后单击菜单"交通"→"车辆组成"命令，出现"车辆构成/车辆构成的相对流量"窗口，在窗口空白处单击右键，出现"Add"选项，单击即可增加交通组成，设置七组交通组成"期望速度分布"分别为40km/h、50km/h、60km/h、70km/h、80km/h、90km/h、100km/h，"相对车流"均为1，如图7-48所示。

　　第三步，设置输入流量。激活"车辆输入"选项，单击左键选中拟输入流量路段，然后单击右键，进入"车量输入/时间间隔内的车流量"编辑窗口。在编辑窗口空白处单击右键，出现"编辑时间区间"选项；单击左键选中"编辑时间区间"进入流量分段设置模式；左键单击图中的➕按钮，添加12个时间段，每300s为一个间隔，具体操作参见第7.1节。然后进入"车辆输入/时间间隔内的车流量"窗口，将各个路段对应流量进行编辑，不同路段流量输入值相同，但是交通组成属性不同。设置每一路段流量输入值如图7-49所示，每一个路段均有对应流量输入。

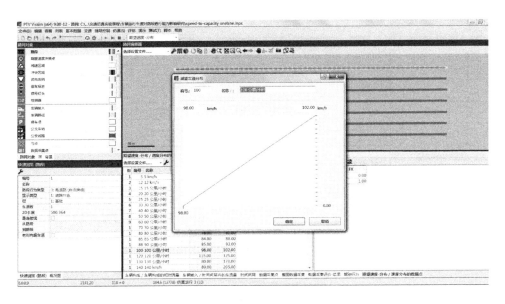

图 7-47　期望车速设置窗口

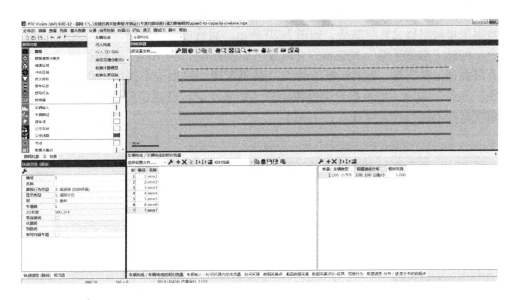

图 7-48　设置交通组成

第四步，设置流量检测器并激活。激活"数据采集点"选项，单击左键选择拟设置检测器路段，单击右键设置位置，完成设置环节；在"评估"菜单中，选中"测量定义"→"数据采集设施"命令，进入数据采集器激活界面；左键单击图中的 ✚ 按钮，添加七个检测单元，每一个路段一个，并选择相应检测器

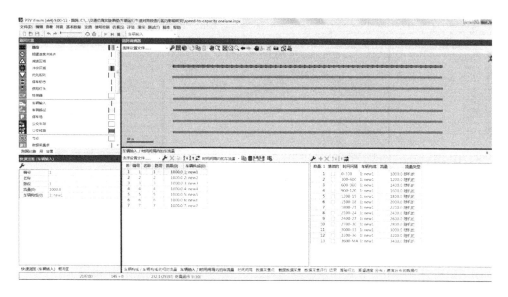

图 7-49　设置每一路段流量输入值

编号（注意每一个路段对应两个检测器组合完成截面流量统计），至此完成截面数据采集检测器设置与激活，如图 7-50 所示。而后单击"评估"→"配置"命令，勾选"数据采集"复选框，并设置"时间间隔"为 100s，这样检测器才能开展数据记录工作，在对话框中的该"结果管理"选项卡中选中"仅当前（多次）运行"选项，即数据记录过程中只是把多次运行数据进行统计分析，其他单次运行不进行合并统计（图 7-51）。

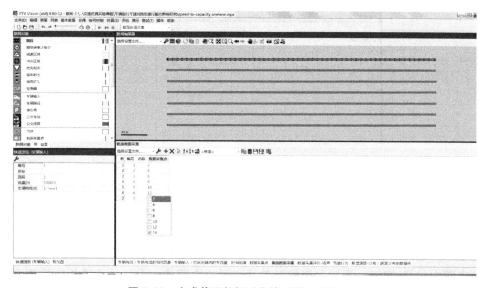

图 7-50　完成截面数据采集检测器设置与激活

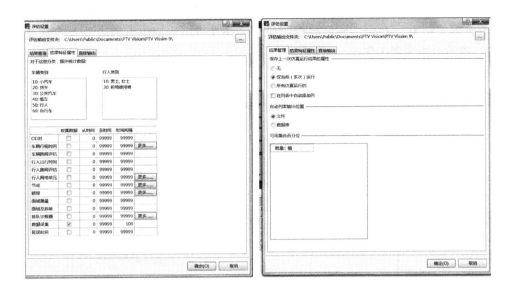

图 7-51 设置数据采集规则

第五步，设置软件运行参数。在"仿真"菜单中选择"参数"命令，设置仿真时长为 3600s、随机种子为 40、仿真精度为 10 时间步长/s、随机种子增量为 10（图 7-52）。

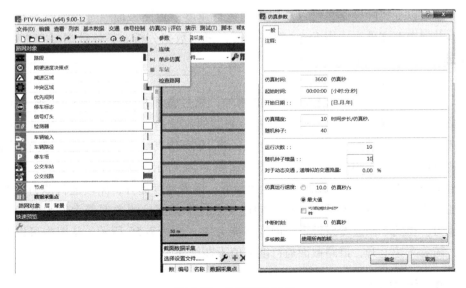

图 7-52 仿真参数设置

第六步，保存文件并仿真运行。从"评估"菜单中选择"结果列表"→"数据搜集结果"命令，调出数据记录表（图 7-53），待仿真结束后保存该文件，完成数据采集工作。

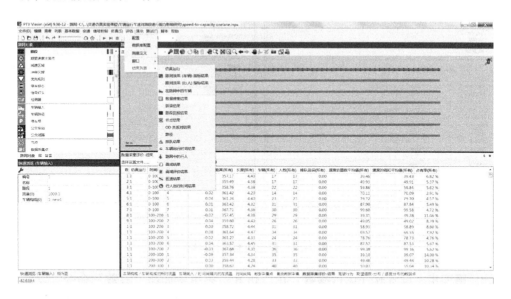

图 7-53　调出数据记录表

3. 试验数据提取

通过以上实际操作，可以获取不同运行速度下道路截面通过车流量统计数据，并保存至文件夹，用 Excel 软件打开，进行数据分析。具体数据保存方法、数据打开方法参见第 7.1 节。

4. 试验数据分析

对于路段仿真，随着输入流量的增加，通过截面检测器流量也不断增加，当输入量大于通行能力后，通过截面检测器的流量趋于平稳。本例的仿真试验共选取 10 个随机种子，即共仿真 10 次，将 10 次仿真结果求平均值，得出不同速度条件下截面检测流量数据散点图，如图 7-54 所示。从图中可以看出，车辆期望车速为 40km/h 时，路段通行能力最低；随着速度提升，路段通行能力有所增加。为了使分析更加透彻，取不同速度条件下截面检测数据最大值为路段通行能力，得到不同速度条件下截面通行能力图，如图 7-55 所示。从图中可以看出，随着车速上升，道路截面通行能力值不断增加。

7.3.4　试验小结

通过仿真建模、数据提取、数据分析等过程，得出在仿真场景下车辆期望

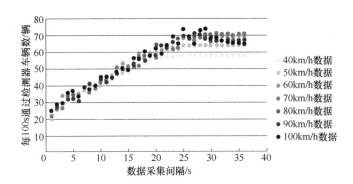

图 7-54　不同速度条件下截面检测流量数据散点图

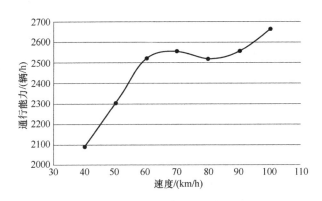

图 7-55　不同速度条件下截面通行能力图

车速对路段通行能力的影响数据。在单车道模式下,通行能力随着期望车速增加而不断提升。如果多车道或者速度分布浮动空间增加,会对路段通行能力产生哪些影响? 请自行设计试验,开展影响分析。

另外,背景知识中提到,VISSIM 软件车辆跟驰模型具体公式如下:

$$BX = (BX\_add + BX\_mult * z) * (v^{0.5})$$

式中　　　　　　 BX——安全距离,与停车间距(定值)之和构成车辆间距离;

BX_add、BX_mult——实际参数;

　　　　　　　　 v——车辆运行速度;

z 为 [0,1] 之间随机数值,每辆车均不同,受仿真随机种子影响。

在本例中,BX_add 默认值为 2,BX_mult 默认值为 3,也就是在这一公式条件下才能得出刚才结论。如果参数取值改变会有哪些变化? 如果要模拟的与现实场景更加贴近,又该如何设置参数? 这些问题在下一节的仿真试验中开展讨论。

7.4 车辆跟驰行为参数对路段交通流运行影响分析

7.4.1 试验目标

深入分析微观仿真软件中车辆运动底层控制逻辑，通过较为简单的车辆跟驰行为参数变化，研究路段通行能力、路段交通流密度的变化特征，探讨如何更为科学地使用微观仿真工具。

7.4.2 背景知识

在 VISSIM 软件中，车辆跟驰模型（Wiedemann 74）具体公式如下：

$$BX = (BX\_add + BX\_mult * z) * (v^0.5) \qquad (7-1)$$

式中　　　　　　BX——安全距离，与停车间距（定值）之和构成车辆间距离；

BX_add、BX_mult——实际参数，BX_add 默认值为 2，bx_mult 默认值为 3；

v——车辆运行速度；

z 为 [0，1] 随机数值，每辆车均不同，受仿真随机种子影响。

车辆跟驰过程中，与前车之间距离为：

$$d = AX + BX \qquad (7-2)$$

式中　AX——停车距离，默认值为 2.0m。

在 VISSIM 软件中，单击"基础数据"菜单，选择"驾驶行为"命令可以调出"驾驶行为"参数数据表，如图 7-56 所示。表中参数均可以自主调节，以适应实际情况。

7.4.3 试验设计与开展

本次试验以路段通行能力及路段密度作为分析指标，研究跟驰行为参数（BX_add 和 BX_mult）变化对路段交通流运行影响。

1. 仿真条件分析

针对实验目的，本仿真试验对 Bx_add 和 Bx_mult 参数变化而引起的路段通行能力和路段密度变化进行量化研究，仿真试验条件如下：

1）道路条件。设计实验场景为双车道，车道宽度取 3.5m，车道长度设置为 500m。

2）交通条件。不考虑车型对通行能力的影响，车辆输入的交通组成设置为 100%小汽车；车辆期望车速取 70km/h；起始流量输入为 2000pcu/h，每 5min 输入流量提升一阶，增加幅度为 400pcu/h，直至仿真结束。

3）控制条件。车辆自由运行，无控制措施。

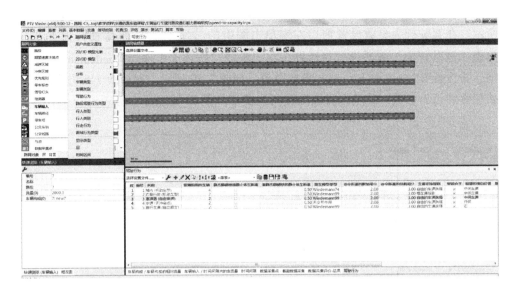

图 7-56　"驾驶行为"参数数据表调出过程

4）仿真参数。每次实验仿真时长取 3600s；选取 Wiedemann 74 模型作为驾驶行为模型，应用默认参数进行模拟；设置车辆检测器作为检测设备；分别选取40、50、60、70、80、90、100、110、120、130 作为随机种子，取每次实验结果的平均值作为最终结果，以均衡随机性；每次试验仅仅调整 BX_add 和 BX_mult 中的一个，本试验设计七组方案组合，具体见表 7-5。

表 7-5　参数设计组合方案

序　号	BX_add	BX_mult
方案 1	1	3
方案 2	2	3
方案 3	4	3
方案 4	6	3
方案 5	2	1.5
方案 6	2	6
方案 7	2	9

2. 仿真模型构建

具体建模过程如下：

第一步，设置驾驶行为参数集合。打开 VISSIM 软件，单击菜单"基本数据"→"驾驶行为"命令，调出驾驶行为参数设置窗口，如图 7-57 和图 7-58 所示。在驾驶行为参数设置窗口左键单击图中的 ✚ 按钮，新建驾驶行为类型，出现"驾驶行为"参数设置对话框，在"跟驰"选项卡中选择 Wiedemann 74 模型，并设置 BX_add 和 BX_mult 参数取值，如图 7-59 所示。对应表 7-5 方案依次新建驾驶行为参数。构建七种新驾驶行为类型如图 7-60 所示。

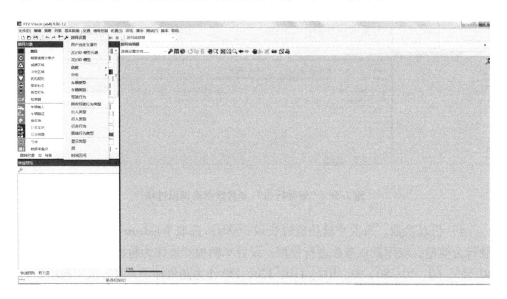

图 7-57　驾驶行为参数调取路径

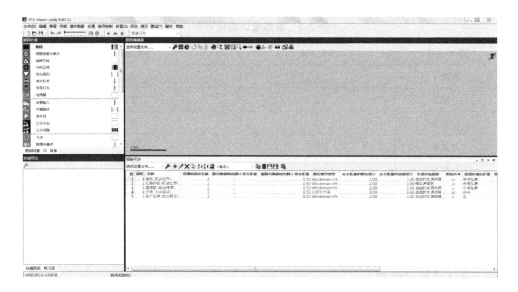

图 7-58　调出驾驶行为参数设置窗口

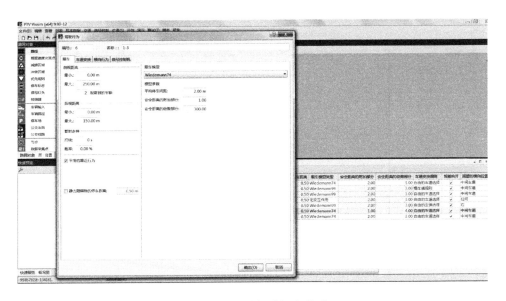

图 7-59　新建驾驶行为类型

图 7-60　构建七种新驾驶行为类型

　　第二步，设置路段行为类型。该步骤的目的是构建路段与驾驶行为类型联系，即在 VISSIM 软件中路段是驾驶行为的体现载体。单击菜单"基本数据"→"路段驾驶行为类型"命令，调出"路段行为类型/车辆类别的驾驶行为"设置窗口，如图 7-61 所示。在该窗口左键单击图中的 ➕ 按钮，新建七种路段驾驶行为类型，并对应选择不同参数方案，如图 7-62 所示。

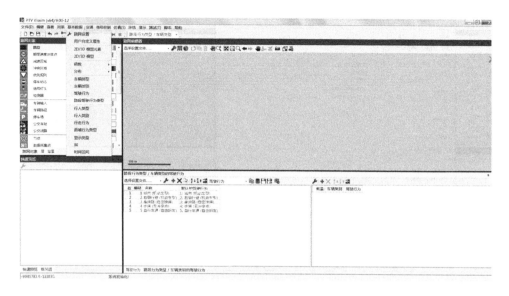

图 7-61　调出"路段行为类型/车辆类别的驾驶行为"设置窗口

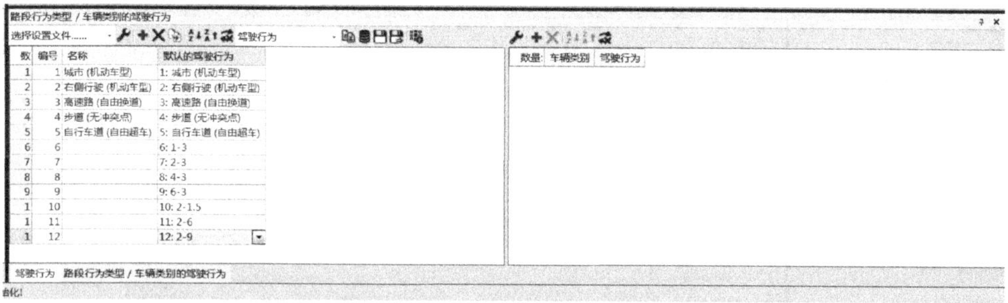

图 7-62　设置新的路段驾驶行为类型

　　第三步，构建基本仿真场景。激活"路段"选项，在工作区域按〈ALT〉键＋鼠标右键绘制七条单车道，并将每条车道的宽度设置为3.50m，同时为每一条车道选取设置好的驾驶行为类型，如图7-63所示。

　　第四步，设置交通组成。单击菜单"交通"→"车辆组成"命令，出现"车辆构成/车辆构成的相对流量"窗口，在窗口空白处单击右键，出现"Add"选项，单击即可增加交通组成设置，命名为"new"。设置交通组成"期望速度分布"为70km/h，"相对车流"为1，如图7-64所示。

　　第五步，设置输入流量。激活"车辆输入"选项，单击左键选中拟输入流量路段，然后单击右键，进入"车量输入/时间间隔内的车流量"编辑窗口；在编辑窗口空白处单击右键，出现"编辑时间区间"选项；单击左键选中"编辑

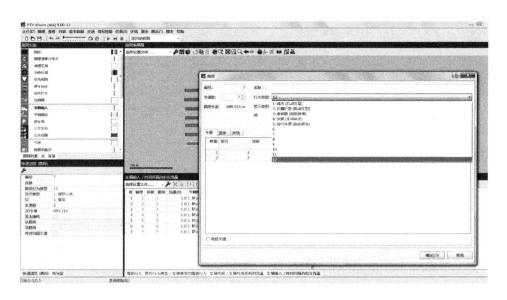

图 7-63　建立基础模型设置不同路段的驾驶行为类型

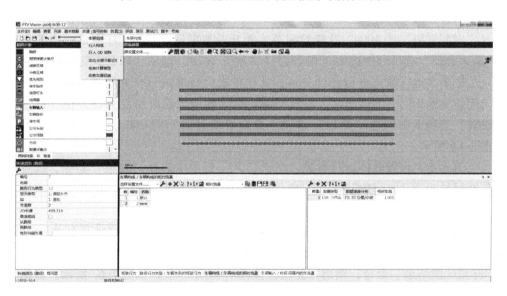

图 7-64　设置交通组成

时间区间"进入流量分段设置模式；左键单击图中的 ✚ 按钮，添加 12 个时间段，每 300s 为一个间隔；进入"车辆输入/时间间隔内的车流量"窗口，"车辆构成"选项设置为"new"，同时取消右侧子窗口中复选框的"√"，即各个时间段流量并不连续，然后依次设置输入流量值；按照上述步骤依次完成其他路段的流量输入。具体步骤详见第 7.1 节，最后流量设置完成如图 7-65 所示。

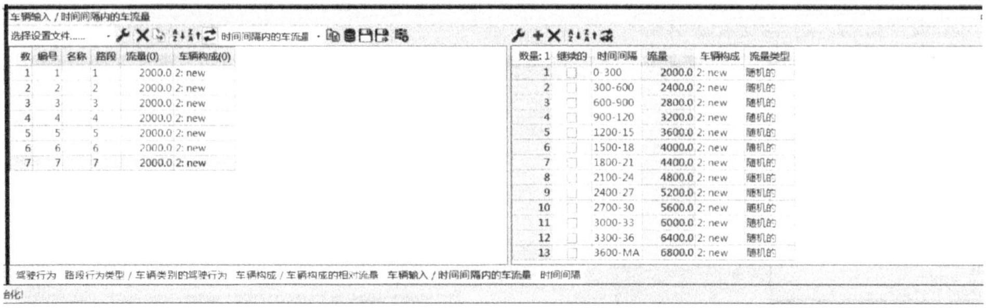

图 7-65　流量设置完成

第六步，设置流量检测器并激活。激活"数据采集点"选项，单击左键选择拟设置检测器路段，单击右键设置位置，完成设置环节；在"评估"菜单中，选中"测量定义"→"数据采集设施"命令，进入数据采集器激活界面；左键单击图中的 ➕ 按钮，添加七个检测单元，每一个路段一个（两组检测器组合称为一个检测截面），并选择相应检测器编号，至此完成截面数据采集检测器设置与激活；而后单击进入"评估"→"配置"命令，勾选数据采集复选框，并设置"时间间隔"为 100 s，这样检测器才能开展数据记录工作，在对话框中的该"结果管理"选项卡中选中"仅当前（多次）运行"选项，即数据记录过程中只是把多次运行数据进行统计分析，其他单次运行不进行合并统计。这里步骤与前述实验相同，不再图示。不同的是，本试验增加路段密度测评，在"评估设置"选项卡中勾选"路段"选项，并设置统计时间为 100 s，检测器设置如图 7-66 所示。

第七步，设置软件运行参数。在"仿真"菜单中选择"参数"命令，设置仿真时长为 3600 s、随机种子为 40、仿真精度为 10 时间步长/s、随机种子增量为 10（具体操作参考第 7.1 节）。

第八步，保存文件并仿真运行。从"评估"菜单中选择"结果列表"→"数据搜集结果"命令，调出数据记录表；同时在"结果列表"选项中选择"路段区段结果"命令，调出"路段区段评估-结果"表，如图 7-67 所示。待仿真结束后，保存该仿真数据结果文件，完成数据采集工作。

3. 试验数据提取

通过以上实际操作，可以获取路段检测器通行流量数据表及路段区段评估数据表。利用 Excel 软件打开数据文件，形成可编辑数据表。具体打开方法及文件表头说明参见第 7.1 节。

4. 试验数据分析

通过软件设置每次试验 3600 s，断面检测器每 100 s 记录一次数据，则每次试

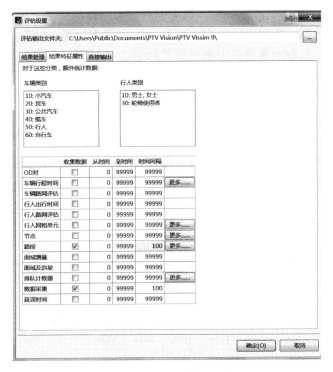

图 7-66 检测器参数设置

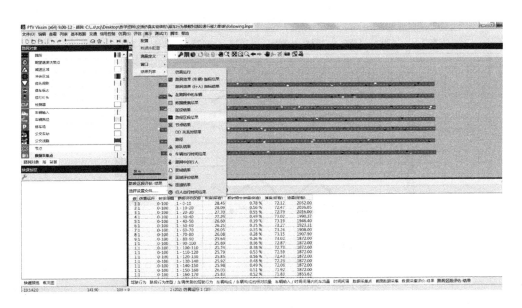

图 7-67 调出"路段区段评估-结果"

验每个截面检测器记录 36 组数据。试验中共有七组检测器，记录七种参数组合条件下的通行数据，则每次试验有 $36 \times 7 = 252$ 组数据记录。试验按照 10 个仿真随机种子运行，每种参数组合方案开展了 10 次仿真试验，则共有 2520 组数截面流量数据被软件记录。

本试验取每次仿真试验最大流量值作为截面通行能力值，可以获得不同参数组合方案对应截面通行能力值，见表 7-6。以随机种子为横坐标，以通行能力为纵坐标分别做出方案 1、方案 2、方案 3、方案 4 散点图和方案 2、方案 5、方案 6、方案 7 散点图，具体如图 7-68 和图 7-69 所示。在第一组散点图（图 7-68）中，可以明显发现随着 BX_add 从 1 增加到 6，对应路段通行能力显著降低；在第二组散点图（图 7-69）中，可以发现随着 BX_mult 从 1.5 变化到 9，对应通行能力也显著降低。

表 7-6　不同参数组合方案对应截面通行能力值

随机种子		40	50	60	70	80	90	100	110	120	130
通行能力/（辆/h）	方案 1	3276	3240	3240	3258	3240	3240	3132	3258	3258	3168
	方案 2	2556	2844	2952	2790	2664	2808	2808	2862	2700	2772
	方案 3	1656	1620	1728	1854	1674	1638	1872	1800	1656	1818
	方案 4	1404	1368	1476	1422	1404	1404	1296	1458	1404	1260
	方案 5	3222	3258	3258	3240	3258	3240	3204	3258	3114	3258
	方案 6	2070	1818	2034	1836	1854	1782	1746	1836	1872	1890
	方案 7	1620	1386	1584	1494	1512	1422	1494	1422	1386	1548

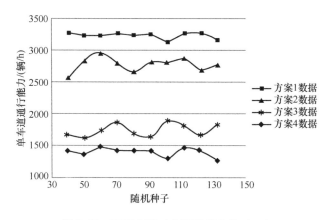

图 7-68　不同方案对应通行能力值（一）

另外，本试验还通过检测参数设置统计出路段每一区段（每 10m 一个间隔）的密度、速度及流量特性。同样取每次仿真试验中所有路段第 400 ~ 410 区段的

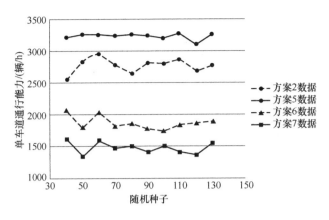

图 7-69　不同方案对应通行能力值（二）

密度值作为考查指标，对该路段不同随机种子条件下密度值进行平均计算，可以得出不同方案对应路段区段密度变化图，如图 7-70 和图 7-71 所示。同样，在图 7-70 中，可以看出方案 1 密度没有达到稳定状态，也就是 BX_add 取值越小，达到稳定状态时密度越大；方案 2、3、4 均出现密度稳定态势，也对应其通行能力稳定态势；图 7-71 方案 5 中 BX_mult 取值最小，其密度状态也没有达到稳定状态，同样表现出随着 BX_mult 增加，密度稳定值逐渐降低。

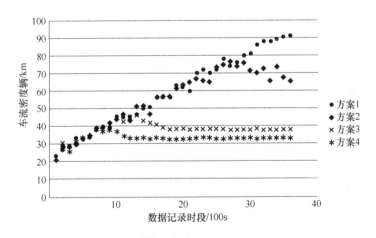

图 7-70　不同方案对应路段区段密度变化图（一）

7.4.4　试验小结

通过以上试验，可以明显感受出微观行为参数对宏观交通流特性有显著影响。在本试验图 7-58 中除了 Wiedemann74 外，还有 Wiedemann99，也包括横向

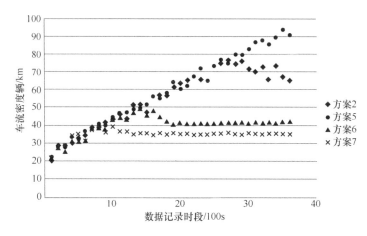

图7-71　不同方案对应路段区段密度变化图（二）

驾驶行为等丰富参数供工程应用人员调试。

如何设置恰当参数，模拟出更接近真实条件的交通流状态是需要思考的问题。同时，本试验中路段区段密度数据，需要用到 Excel 中相应函数命令，需要同学们认真操作，学习数据的基本操作方法。

7.5　信号交叉口仿真参数敏感性研究试验

7.5.1　试验目标

在前述仿真试验的基础上，进一步对微观仿真行为参数进行深入研究。本试验以信号交叉口为研究对象，研究微观驾驶行为参数特征对信号交叉口交通流运行的影响，强化对信号交叉口建模流程、评价指标及运行影响分析等内容的认识。

7.5.2　背景知识

由第 7.4 节可知，微观仿真模型参数标定工作是用好微观仿真软件的核心。开展模型参数标定前，首先需要进行参数敏感性分析，该工作研究对象包括微观仿真参数和宏观交通流指标。在 Wiedemann 74 中，微观仿真参数见表7-7。根据 VISSIM 用户手册，VISSIM 拥有三种数据采集设施，分别为：数据采集器、旅行时间采集器以及排队检测器。通过这些数据采集方式，VISSIM 可提供 17 个评价指标具体见表7-8。本试验选取表中"节点（路口）"一类的五个指标作为分析对象，包括流量、平均延误、旅行时间、停车次数和排队长度（最大、平均）。

表 7-7   微观仿真参数

模　块	参　数	默　认　值	
车辆跟驰模型	最大前视距离	0 ~ 250	
	观察到的车辆数	2	
	平均停车间距	2	
	安全距离的附加部分	2	
	安全距离的倍数部分	3	
车道变换模型	最大减速度	-4	-3（后车）
	可接受减速度	-1	-1（后车）
	$-1 m/s^2$ 距离	100	100（后车）
	消失前的等待时间	60	
	最小车头空距	0.5	
	安全距离换算系数	0.6	
	联合制动的最大减速度	-3	
其他仿真参数	随机种子	42	

表 7-8   VISSIM 可提供的评价指标

评价对象	评价指标
路段	密度
	平均车速
	流量
	损失时间
节点（路口）	流量
	平均延误
	旅行时间
	停车次数
	排队长度（最大、平均）
路网	离开路网的车辆数
	进入路网的车辆数
	总路径距离
	总旅行时间
	平均车速
	停车延误
	停车次数
	总停车数

敏感性分析工作的另外一个核心环节是分析方法，常见分析方法有散点图法和方差分析法（前述试验有所应用）。散点图法是将评价指标与待标定参数的变化用散点图的方式描述出来，继而通过试验人员的主观观察、分析、对比来确定待标定参数集；方差分析法基本思想是对比每一个可调参数在变化时对评价指标的影响程度，从而确定这些可调参数对最终的研究结果的影响程度。本试验构建新的敏感性分析方法，整体分析思路为：如果仿真参数变化引起评价指标的变化幅度比随机种子变化所引起评价指标的变化幅度大，那么认为仿真参数对该指标具有显著性影响，否则认为无影响。

以下举例说明其主要核心步骤：设某一参数集内有参数 A，其评价指标为 B，现需要研究参数 A 与评价指标 B 之间的敏感性。首先获得参数 A 的默认值（参数集内所有参数默认值见表7-7），根据该默认值设置 X 个参数值水平，设置随机种子的 Y 个参数水平。将参数 A 的 X 个参数值水平的每一种情况分别与随机种子的 Y 个参数水平对应，产生 $X \times Y$ 种情况，在除了参数 A 与随机种子外其余仿真软件内的所有参数都不变的情况下，将这 $X \times Y$ 种情况一一输入软件并各自运行。最后读取这 $X \times Y$ 个结果，根据评价指标 B 的特性，利用统一的规律进行整理，计算出 $X \times Y$ 种情况的每一种情况下的值，并将这 $X \times Y$ 个值填入仿真参数 A 与评价指标 B 的结果矩阵，设该矩阵为 M_{AB}，再将 M_{AB} 按下列计算式顺序计算：

$$M_{AB} = \begin{pmatrix} x_{11} & \cdots & x_{1n} \\ \vdots & & \vdots \\ x_{m1} & \cdots & x_{mn} \end{pmatrix} \tag{7-3}$$

$$I = \frac{\sum_{i}^{X} \text{STDEVA}(x_{i1}, x_{i2}, \cdots, x_{in})}{m} \tag{7-4}$$

$$I' = \frac{\sum_{j}^{Y} \text{STDEVA}(x_{1j}, x_{2j}, \cdots, x_{mj})}{n} \tag{7-5}$$

$$P = \frac{I}{I'} \tag{7-6}$$

式中　M_{AB}——仿真参数 A 与评价指标 B 的结果矩阵；

X——仿真参数变化参数值水平，$i = 1, 2, 3, \cdots\cdots$；

Y——随机种子变化参数值水平，$j = 1, 2, 3, \cdots\cdots$；

I——仿真参数值变化引起评价指标值变化标准差的算术平均值；

I'——随机种子参数值变化引起评价指标值变化标准差的算术平均值；

$\text{STDEVA}(x_i)$——求 x_i 标准差的函数；

P——评价指标。

由于 P 为仿真参数值变化引起评价指标值变化标准差的算术平均值与随机种子参数值变化引起校核指标值变化标准差的算术平均值之商，因此 P 与 1 的大小比较就可以直观地体现出仿真参数 A 的变化是否比随机种子的变化更能引起校核指标 B 的变化。为了使实验结果更加精细，在大于 1、小于 1 这两个判断等级外，插入一个判断等级：当 P 介于 1 与 1.5 之间时，认为仿真参数 A 对评价指标 B 敏感，但敏感性不甚强。从而调整仿真参数 A 对评价指标 B 敏感这一判断等级的判断依据至 P 值大于 1.5。综上可以得出结论：仿真参数 A 之于评价指标 B 是敏感/不甚敏感/不敏感的。

7.5.3 试验设计与开展

1. 仿真条件设定

针对试验目的，本次仿真试验条件如下：

1）道路条件。本试验以交叉口为研究对象，交叉口具体形式如图 7-72 所示，交叉口每个入口方向有三条车道（对应一左一直一右）；出口方向为三条车道；每条车道宽度为 3.5m；交叉口每条路段长度可设为 300m，存储段长度为 50m。

2）控制条件。交叉口按四相位进行控制，具体控制方案如图 7-73 所示，整个周期时长为 120s，每相位绿灯时间为 27s，黄灯时间为 3s；同时在交叉口转弯处（左转和右转）设置减速区，速度限制在 25~30km/h。

3）流量条件。不考虑车型影响，交通组成为 100% 小汽车；车辆运行期望车速设定为 40km/h；每一进口直行流量为 500 辆/h，左转流量设置为 400 辆/h，右转流量设置为 400 辆/h，则每一进口方向交通流总量为 1300 辆/h，左转、直行、右转流量比为 5:4:4。

4）仿真参数设置。每次实验仿真时长取 3600s；选取 Wiedemann 74 模型作为驾驶行为模型，应用默认参数进行模拟；包括随机种子在内的每个仿真参数设置五个参数值水平，模型参数取值水平见表 7-9。实际分析过程中可以选取表 7-9 中参数对直行或左转车道的通行能力、排队长度、行程时间、行驶延误等宏观指标进行实验分析。受篇幅限制，本试验仅选择表 7-9 中"平均停车间距"参数对

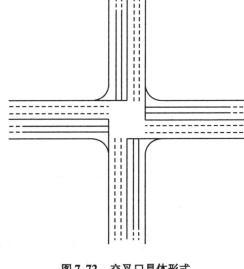

图 7-72　交叉口具体形式

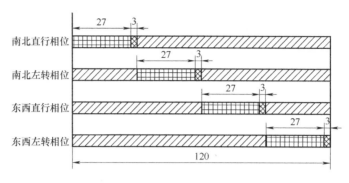

图 7-73   交叉口配时图

直行车辆行驶延误的敏感性进行实例分析，同学们可以分组选择不同参数对不同宏观指标影响进行试验。需要说明的是，每次试验仅变化其中一组参数，其他参数取默认值。

表 7-9   模型参数取值水平

模块	参数	默认值	单位	水平 1	水平 2	水平 3	水平 4	水平 5
车辆跟驰行为模型参数	最大前视距离	0～250	m	0～150	0～200	0～250	0～300	0～350
	观察到的车辆数	2	辆	1	2	3	4	5
	平均停车间距	2	m	0.5	1	2	4	8
	安全距离的附加部分	2	m	0.25	0.5	1	2	4
	安全距离的倍数部分	3	m	0.75	1.5	3	6	12
车道变换行为模型参数	最大减速度	-4	-3（后车）	m/s^2	$-4；-3$	$-4；-2$	$-4；-1$	$-3；-1$	$-3；-2$
	可接受减速度	-1	-1（后车）	m/s^2	$-1；-1$	$-1.5；-1.5$	$-2；-2$	$-2.5；-2.5$	$-3；-3$
	$-1m/s^2$/距离	100	100（后车）	m	50；50	100；100	150；150	200；200	250；250
	消失前的等待时间	60	s	15	30	60	120	240
	最小车头空距	0.5	m	0.1	0.3	0.5	0.7	0.9
	安全距离换算系数	0.6		0.2	0.4	0.6	0.8	1
	联合制动最大减速度	-3	m/s^2	-1	-2	-3	-4	-5
其他仿真参数	随机种子	42		40	60	80	100	120

2. 仿真模型构建

具体建模过程如下：

第一步，构建基本仿真场景。打开 VISSIM 软件，在"路网对象"操作窗口激活"背景图片"功能，在工作区单击右键可出现加载图片选择窗口；选择需要的底图导入工作界面，如图 7-74 所示；在工作区域按〈Ctrl〉键＋鼠标右键调出图形编辑列表（图 7-75），选择"设置比例"命令，对图片尺寸进行标定，车道宽度设置为 3.5m（图 7-76），设置完成后单击 图标即可显示整体底图。

按照相应几何条件绘制交叉口基本模型（图 7-77），这部分属于绘图基本操作，但需要注意 VISSIM 软件中车道及车道组均有实际方向，务必按照车辆行进路线绘制。

图 7-74　导入底图

第二步，设置交通组成及流量输入。交通组成设置方法在前述试验中均有提及，这里不再重复。设置"期望速度分布"为 40km/h、交通组全为小汽车的车流。然后在各个入口设置流量输入为 1300 辆/h。在完成流量输入后，需要对入口方向车流行进方向进行规定，即路径选择设定。具体方法为单击"路网对象"中的"车辆路径"命令，在工作界面上单击左键选择需要添加路径的路段，单击右键选择添加路径决策的起始点，形成一端红色固定的、一端绿色可移动的黄色带条，然后右键单击行进方向，完成路径设置（图 7-78）。在空白区域单击右键，可连续设置多少路径。行驶路径设置完成后，可在路径编辑窗口设置各个流向流量比例，如图 7-79 所示。需要注意：路径决策点应尽量远离交叉口、接近流量输入端，让车辆尽早明确行驶方向。

第三步，设置控制条件。首先设置减速区，按照试验要求，减速区车辆运行速度在 25～30km/h，单击"基本数据"→"分布"→"期望车速"命令，设置均值为 27.5km/h、上限为 30km/h、下限为 25km/h 的速度分布区间；在

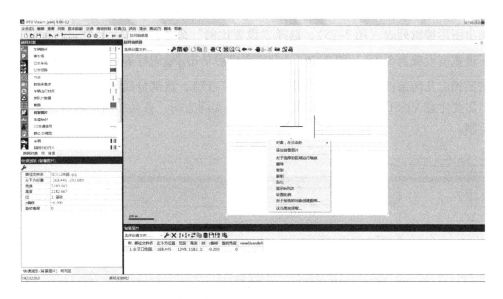

图 7-75　〈Ctrl〉键＋鼠标右键调出图形编辑列表

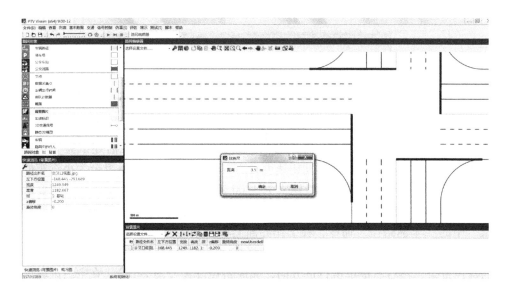

图 7-76　标定图片尺寸

"路网对象"操作窗口中激活"减速区域"（图7-80），单击左键选择绘制减速区域路段，单击右键拖动鼠标即可完成绘制工作，同时在减速区间设置窗口添加速度限制区间。

　　第二个控制条件是冲突区设置。在交叉口内，如果信号配时不合理，会存

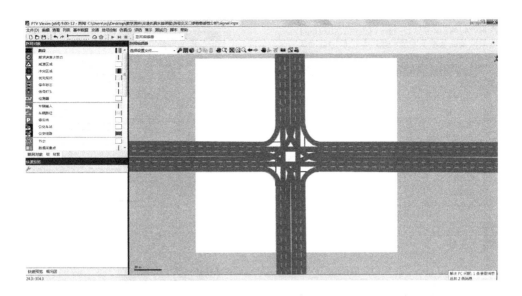

图 7-77　绘制交叉口基本模型

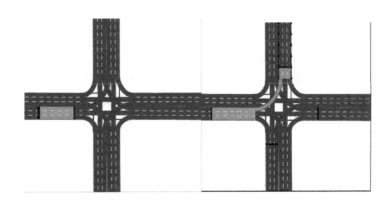

图 7-78　设置行驶路径

数	编号	名称	路段	位置	所有车辆举型	车辆举型
1	1		1	395.512	✓	

静态车辆路径决策点 / 静态车辆路径

数量	车辆路径决策	编号	名称	目的地路段	目的地位置	相对车流(0)
1	1	1		4	11.292	4.000
2	1	2		3	11.749	5.000
3	1	3		7	9.882	4.000

车辆构成 / 车辆构成的相对流量　车辆输入 / 时间间隔内的车流量　静态车辆路径决策点 / 静态车辆路径

图 7-79　设置各个流向流量比例

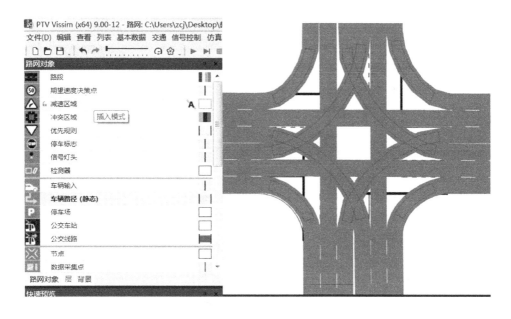

图 7-80　设置减速区

在上一相位车辆尚未驶出交叉口，而下一相位车辆已进入交叉口的情况，这样会导致车辆碰撞。需要通过设置冲突区来制止车辆碰撞发生。一般按照转弯让直行规则进行冲突区设置。在"路网对象"操作窗口中激活"冲突区域"，路网中路口冲突区显示亮色（图 7-81），再单击左键选中冲突区进行编辑，单击右键改变优先规则：绿色优先、红色让行。

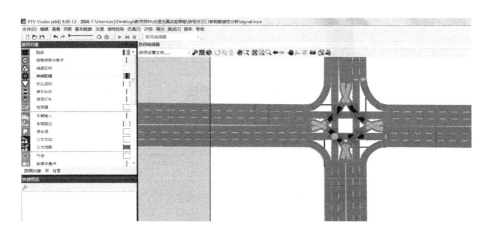

图 7-81　设置路口冲突区

第三个控制条件是信号配时控制。单击菜单"信号控制"→"信号控制机"命令，调出信号控制机编辑窗口（图7-82）。在信号控制机编辑窗口中单击 ➕ 按钮，增加信号控制系统，出现"信号控制机"对话框（图7-83），单击"编辑信号控制机"按钮，进入信号控制程序编辑界面（图7-84）；在该界面中选中"signal groups"，并在右侧工作区间添加四个信号控制相位，分别代表南北直行、南北左转、东西直行、东西左转（图7-85）；展开"signal groups"列表，分别为四个信号相位选择信号灯序列（图7-86）；单击左键选择"signal programs"列表，并在右侧工作界面新建信号控制程序，然后展开列表可以得到初始信号控制方案（图7-87），将信号周期调整为120s，同时移动各个相位绿灯起始与结束位置，调整各个相位绿灯时长，调整后信号控制方案如图7-88所示，然后保存并关闭信号控制方案设置；在工作界面的"路网对象"操作窗口激活"信号灯头"，然后可以通过单击左键选择预设置信号控制单元的路段，单击右键确定设置位置的操作设置各个流量信号灯，注意在信号灯设置选项界面选择与流向相匹配的相位。设置信号控制设施如图7-89所示。

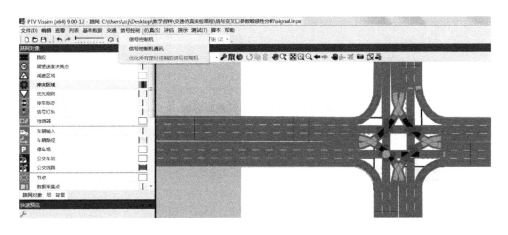

图 7-82 调出信号控制机编辑窗口

第四步，设置检测器并激活。本试验拟选取延误为测量指标，在"路网对象"操作窗口中激活"车辆出行时间"选项，单击左键选择拟设置检测器路段，单击右键设置位置，设置出行时间检测起点（红色固定点），同时移动鼠标可以选择结束位置（绿色）。本试验均选择直行流向作为研究对象，行程时间检测器设置如图7-90所示。单击"评估"→"测量定义"→"延误测量"命令，进入延误测量激活窗口，新建四组延误检测单元，并设置相应检测器，完成行程时间检测器激活（图7-91）。而后单击"评估"→"配置"命令，勾选"延误时间"数据选项，并设置"时间间隔"为100s，在对话框中的"结果管理"选

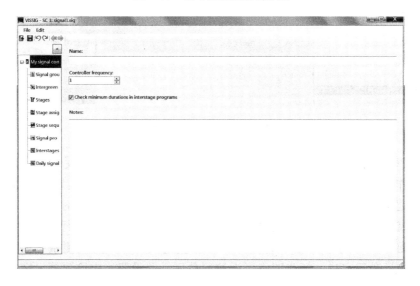

图 7-83　信号控制机编辑界面

图 7-84　信号控制程序编辑界面

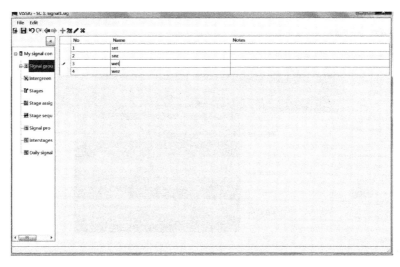

图 7-85　添加信号控制相位

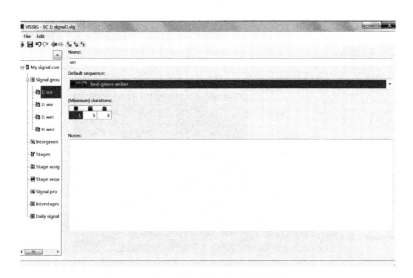

图 7-86　为四个信号相位选择信号灯序列

项卡中勾选"仅当前（多次）运行"，即数据记录过程中只是把多次运行数据进行统计分析，其他单次运行不进行合并统计（具体操作见第 7.1 节）。

第五步，设置软件运行参数。在"仿真"菜单中选择"参数"命令，设置仿真时长为 3600s、随机种子为 42、仿真次数为 1，同时不断改变参数。

第六步，保存文件并仿真运行。可以从"评估"菜单中选择"结果列表"→"延误结果"命令，调出数据记录表，待仿真结束后保存该文件，完成数据采集工作。

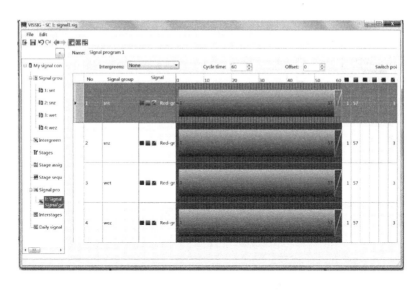

图 7-87　初始信号控制方案

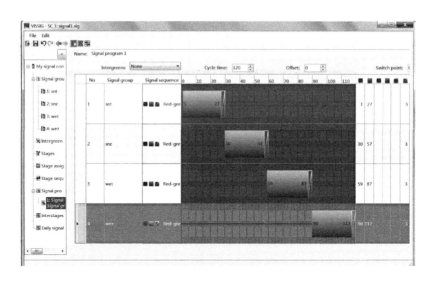

图 7-88　调整后信号控制方案

3. 试验数据提取

本试验选取随机种子（40，60，80，100，120 共 5 个水平）和平均停车间距（0.5m，1m，2m，4m，8m 共 5 个水平）进行样例分析，共仿真 25 组试验，得到 100 组不同直行方向的车辆延误数据组。接着提出前 300s 的数据，求取每组数据均值作为仿真过程中车流延误值，提取南向北直行车流数据，试验结果数据表见表 7-10。

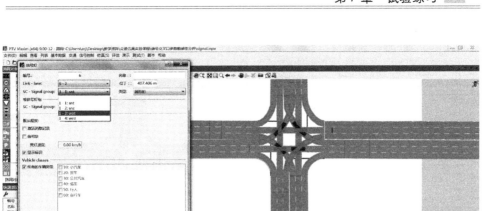

图 7-89　设置信号控制设施

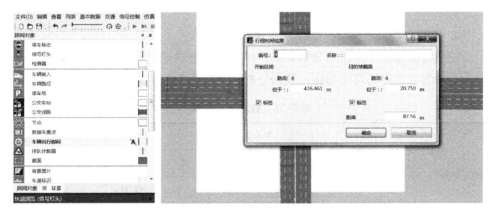

图 7-90　行程时间检测器设置

表 7-10　试验结果数据表　（单位：s）

试 验 结 果		平均停车间距/m				
		0.5	1	2	4	8
随机种子	40	50.80	51.41	51.76	52.91	57.32
	60	50.32	50.31	50.14	52.71	57.25
	80	50.42	49.84	50.40	51.47	57.26
	100	50.37	49.76	50.35	54.02	58.08
	120	50.80	50.70	51.44	50.70	56.74

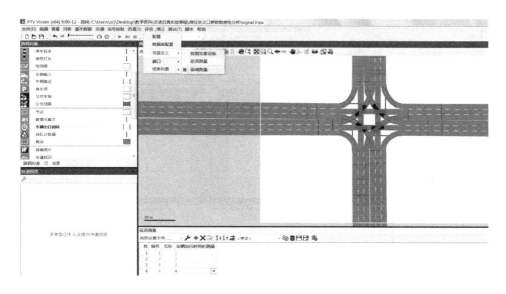

图 7-91　完成行程时间检测器激活

4. 数据分析

应用背景知识中讲述的分析方法，计算参数影响偏差和随机种子影响偏差，并求算两者之比得到判断指标，数据分析结果见表 7-11。

表 7-11　数据分析结果 （单位：s）

试验结果		平均停车间距/m					参数影响标准差
		0.5	1	2	4	8	
随机种子	10	50.80	51.41	51.76	52.91	57.32	2.62
	20	50.32	50.31	50.14	52.71	57.25	3.05
	40	50.42	49.84	50.40	51.47	57.26	3.07
	80	50.37	49.76	50.35	54.02	58.08	3.54
	160	50.80	50.70	51.44	50.70	56.74	2.62
随机影响标准差		0.24	0.68	0.73	1.30	0.48	

$P = 4.35$，说明车均延误对平均停车间距参数较为敏感。

限于篇幅，本试验没有展开阐述，通过以往试验可以得出，不同仿真参数对宏观交通流敏感性评价见表 7-12，供大家参考。

表 7-12　不同仿真参数对宏观交通流敏感性评价表

校核指标 可调参数	流量	车均延误	旅行时间	停车次数	最大排队长度	平均排队长度
$-1m/s^2$/距离	0.18	0.29	0.31	0.48	0.5	0.6
安全距离的倍数部分	0.57	0.42	0.59	3.63	1.43	0.22
安全距离的附加部分	0.31	3.54	3.67	1.18	0.39	1.41
观察到的车辆数	0.15	0.64	0.74	0.48	0.74	0.26
安全距离换算系数	1.59	1.37	0.7	0.71	0.7	0.52
可接受减速度	0.17	0.28	0.29	0.35	0.3	0.48
联合制动的最大减速度	0.1	0.15	0.15	0.24	0.54	0.13
平均停车间距	0.77	4.35	1.45	1.32	1.83	1.57
消失前的等待时间	0.03	0.1	0.03	0.17	0	0.12
最大减速度	0.1	0.02	0.02	0.16	0.37	0.08
最大前视距离	0.31	1.73	0.74	0.74	0.7	0.41
最小车头空距	0.24	0.33	0.34	0.88	0.98	0.57

7.5.4　试验小结

微观仿真模型参数对宏观交通流敏感性分析是微观仿真模型标定的关键步骤，本试验通过大量仿真逐步解释参数敏感性特征，帮助读者进一步了解信号交叉口仿真评价流程，更为重要的是对信号交叉口微观仿真参数实际作用有直观了解，对于微观交通仿真技术有更深一层次认识。

需要大家思考的是如果面对快速路系统中分合流区、交织区等复杂交通设施，参数敏感性是否有变化。在获知微观仿真行为参数对宏观交通流参数敏感性的条件下进行标定工作，与在不知道敏感性的情况下进行标定工作有哪些差别。

7.6　火车站枢纽落客区车位数量设计仿真研究

7.6.1　试验目标

应用仿真技术对火车站枢纽落客区车位数量进行研究，构建仿真技术应用于工程实践的基本思路，同时掌握灵活运用仿真软件各项功能，提升学以致用的能力。

7.6.2 背景知识

火车站枢纽落客区是中转旅客进入火车站的重要设施，如图 7-92 所示为北京南站及北京站车辆落客区。落客区长度和车道数量是其运行效率的关键要素，长度越长、车道数量越多，能够停放车辆越多，但也意味着占用更多的空间资源；在保证一定交通疏导能力的条件下，最大限度减少空间资源浪费是火车站枢纽落客区的重要设计目标。

图 7-92　北京南站（左）及北京站（右）车辆落客区

在实际运行组织上，通常用护栏将落客区车道进行隔离，即每一通道单独运行，待前方车辆（车组）驶离后，后方车辆才能开始落客服务。由此，可以将整体设计问题转化为单通道落客区长度与通行能力关系研究。如果获得该关系的表达函数，在给定流量条件下，便可以计算落客区需要的长度和车道数量。

7.6.3 试验设计与开展

不考虑微观驾驶行为参数影响（开展实际研究工作需要对模型参数进行标定），研究单通道落客区车道长度与通行能力的关系。本试验利用 VISSIM 软件中停车功能开展研究。

1. 仿真条件分析

针对试验目的，本次仿真试验条件如下：

1）道路条件。设计有效落客长度分别为 50m、75m、100m、125m、150m、175m、200m、225m、250m、275m、300m、325m 共 12 条单车道路段；车道宽度为 3.5m；每一车位长度设定为 6m。

2）交通条件。不考虑车型对通行能力的影响，车辆输入的交通组成设置为100% 小汽车；车辆期望车速取 30km/h；车流逐渐增加，由 100 辆/h 起每 5min 增加一次，增加幅度为 50；车辆落客时间取 30s 正态分布，标准差为 2s。

3）控制条件。为充分利用落客区空间，设置落客区出口端吸引力最大，防止车辆就近落客。

4）仿真参数。每次试验仿真时长取 3600s；选取 Wiedemann 74 模型作为驾驶行为模型，应用默认参数进行模拟；在出口位置设置车辆检测器作为检测设备；分别选取 40、50、60、70、80、90、100 作为随机种子，取每次试验结果均值作为最终结果以均衡随机性。

2. 仿真模型构建

具体建模过程如下：

第一步，构建基本仿真场景。打开 VISSIM 软件，激活"路段"选项，在工作区域按〈ALT〉键 + 鼠标右键绘制 12 条单车道，有效落客长度分别 50m、75m、100m、125m、150m、175m、200m、225m、250m、275m、300m、325m，并将每条车道的宽度设置为 3.50m；激活"停车场"选项，按照每个车位 6m 的标准分别绘制有效车位长度（车位数量），如图 7-93 所示。注意设置车辆停靠时间和车位吸引系数，具体如图 7-94。

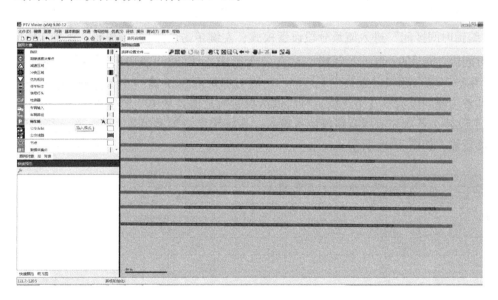

图 7-93　绘制有效车位长度（车位数量）

第二步，设置交通组成，输入交通流量。单击菜单"交通"→"车辆组成"命令，出现"车辆构成/车辆构成的相对流量"设置窗口，在窗口空白处单击右键，出现"Add"选项，单击即可增加交通组成设置，命名为"new"。设置交通组成参数为"期望速度分布为 30km/h"，"相对车流"为 1。设置输入流量，激活"车辆输入"选项，单击左键选中拟输入流量路段，然后单击右键，进入

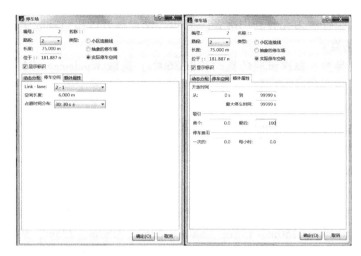

图 7-94　设置停车位停靠时间和车位吸引系数

“车量输入/时间间隔内的车流量”编辑窗口；在“车量输入/时间间隔内的车流量”编辑窗口空白处单击右键，出现“编辑时间区间”选项；单击左键选中“编辑时间区间”进入流量分段设置模式；左键单击图中的➕按钮，添加 12 个时间段，每 300s 为一个间隔；进入“车量输入/时间间隔内的车流量”窗口，“车辆构成”选项设置为“2：new”，同时取消右侧子窗口中复选框的“√”，即各个时间段流量并不连续，然后依次设置流量值，从 100 辆/h 起，每 300s 增加 50 辆，依次完成所有路段流量输入。具体操作请参考第 7.1 节，每一路段的流量输入如图 7-95 所示。

数	编号	名称	路段	流量(0)	车辆构成(0)
1	1		1	100.0	2: new
2	2		2	100.0	2: new
3	3		3	100.0	2: new
4	4		4	100.0	2: new
5	5		5	100.0	2: new
6	6		6	100.0	2: new
7	7		7	100.0	2: new
8	8		8	100.0	2: new
9	9		9	100.0	2: new
1	10		10	100.0	2: new
1	11		11	100.0	2: new
1	12		12	100.0	2: new

数量: 1	流量	继续的	车辆构成	时间间隔	流量类型
1	100.0		2: new	0-300	随机的
2	150.0		2: new	300-600	随机的
3	200.0		2: new	600-900	随机的
4	250.0		2: new	900-1200	随机的
5	300.0		2: new	1200-1500	随机的
6	350.0		2: new	1500-1800	随机的
7	400.0		2: new	1800-2100	随机的
8	450.0		2: new	2100-2400	随机的
9	500.0		2: new	2400-2700	随机的
10	550.0		2: new	2700-3000	随机的
11	600.0		2: new	3000-3300	随机的
12	650.0		2: new	3300-3600	随机的
13	700.0		2: new	3600-MAX	随机的

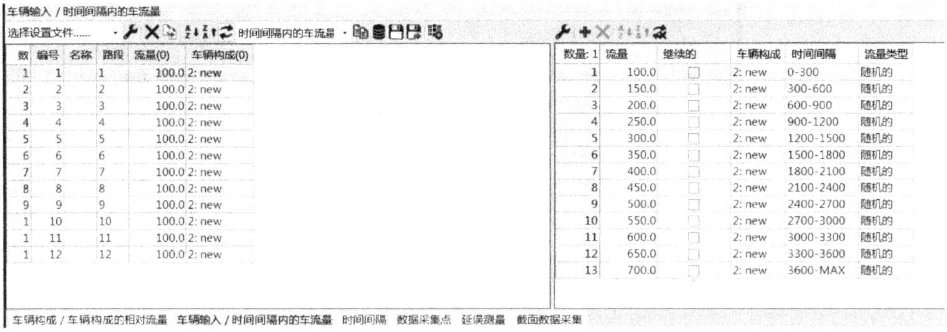

图 7-95　设置每一路段的流量输入值

第三步，设置车辆行驶路径。在本试验中需要将“路网对象”中的“车辆路径（停车场）”功能激活，并将“静态”路径功能调整为“停车场”功能（图 7-96）；调整完毕后，单击左键选择拟设置路径决策起点的路段，单击右键

确定设置位置"，然后鼠标变化为一个可移动的绿色光标，选中预停放的停车场
即可完成路径设置（图7-96）。

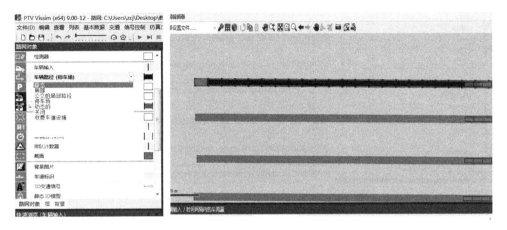

图 7-96　设置停车场行驶路径

第四步，设置流量检测器并激活。具体步骤见第 7.1 节，不再赘述。

第五步，设置软件运行参数。在"仿真"菜单中选择"参数"命令，设置
仿真时间为 3600s、随机种子为 40、仿真精度为 7 时间步长/s、随机种子增量
为 10。

第六步，保存文件并仿真运行。从"评估"菜单中"结果列表"选项中选
择"数据搜集结果"命令，调出数据记录表，待仿真结束后保存该文件，完成
数据采集工作。

请认真观察仿真整体运行过程，是否存在与现实不吻合的问题。

通过观察可以发现，队列中有些车辆并没有在落客区进行停车落客，而是直
接通过落客区。这是目前 VISSIM 软件自身设计存在的一个缺陷，当停车场被占满
的时候，后续车辆将不再停放而是直接通过，不能保证所有车辆均有效停放。

由此，需要另寻路径，即在 VISSIM 软件中不仅停车功能能够实现停车，公
交车站与公交线路的组合也可以实现车辆停放。本试验进一步设置公交线路作
为替代方案，路网基本模型、检测参数、仿真参数不需变化，停车路径、停车
场、车辆输入等需要删除。具体增加内容如下：

首先，在"路网对象"窗口中激活"公交车站"功能，在工作界面中单击
左键选择预设置公交车站的路段，单击右键确定公交车站起始点，左键拖动设
置车站，然后跳出车站编辑器，设置车站长度，按照该步骤分别画出 50m、
75m、100m、125m、150m、175m、200m、225m、250m、275m、300m、325m
的公交站点（图7-97）。

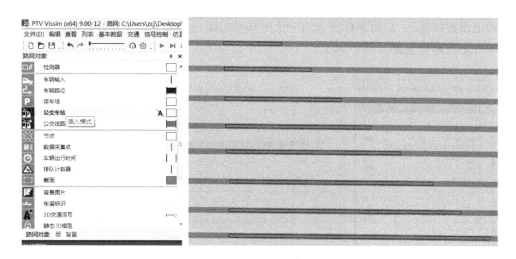

图 7-97   设置不同长度公交车站

然后，在"路网对象"窗口中激活"公交线路"功能，单击左键选择预设置公交线路的路段，单击右键确定公交线路末端，然后跳出"公交线路"编辑器，在这个编辑器中需要设置"车辆类型"为"小汽车"、"期望车速分布"为30km/h、"占道时间为分布 30s（图 7-98）；然后在"Departure times"（出发时刻表）选项卡中添加"开始"（起始时间）为 0、"发车频率"为 2s、"结束"

图 7-98   公交线路设置

截止时间为3600s的发车时刻表（图7-99）；设置好后如果站点显示为红色说明设置成功（图7-100），如果是绿色或者没有颜色说明没有设置成功，需要用左键双击站点设置其功能。

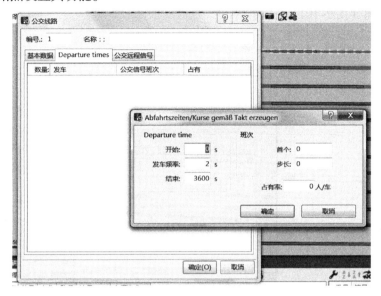

图7-99 公交车出发刻表设置

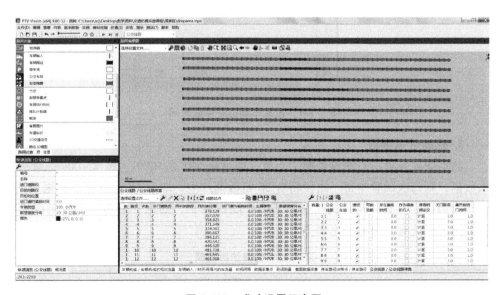

图7-100 成功设置示意图

最后，在"公交线路"模式下，逐一选中公交线路（在"公交线路"选项上单击右键可以出现列表选项，可显示全部公交线路），双击红色站点，出现

"公交线路车站"编辑器，如果勾选"可以跳过"，那么车辆将不在此停放；如果没有勾选"激活的公交站点"，将出现站点为绿色或无状态的问题，即公交车辆并不停放。本次试验设置"Dwell time"为"分布"，选择30s分布为公交进站停靠时间（图7-101）。

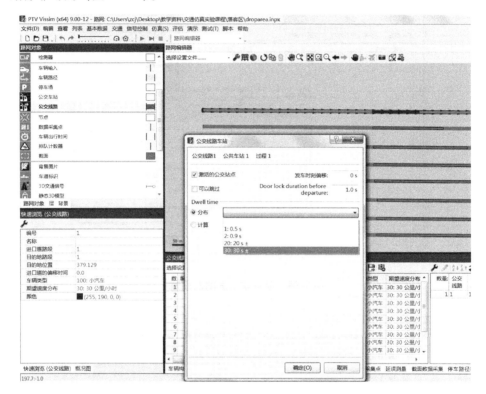

图7-101　设置车辆进站停靠时间

3. 试验数据提取

数据保存及导出方法参考第7.1节。通过每次仿真3600s，每次100s记录一次数据，则每次试验中每一路段将有36组数据产生，取后18组数据总和乘以2倍作为通行能力值；同时试验选取了七个随机种子，则每一个路段产生七组通行能力值，仿真结果梳理见表7-13。

表7-13　仿真结果梳理　　　　　　　　　　　　　　（单位：辆/h）

随机种子	落客区长度											
	50m	75m	100m	125m	150m	175m	200m	225m	250m	275m	300m	325m
40	376	518	606	682	748	810	866	906	968	984	1258	1054
50	390	528	622	696	760	806	884	928	936	1022	1018	1040

（续）

随机种子	落客区长度											
	50m	75m	100m	125m	150m	175m	200m	225m	250m	275m	300m	325m
60	396	524	610	692	772	824	866	916	960	1002	1036	1046
70	392	514	614	688	766	832	894	924	948	1014	1054	1016
80	396	526	618	676	768	816	874	928	942	1018	1044	1052
90	404	528	618	692	766	808	872	924	946	1014	1044	1040
100	386	520	608	696	772	828	870	908	960	976	1056	1052
平均值	391	523	614	689	765	818	875	919	951	1004	1073	1043

4. 试验数据分析

依据表 7-13 中数据绘制落客区长度与通行能力散点图，可以发现随着落客区长度增加，其通行能力也在增加，但是通行能力增加幅度并是非线性的，而是增加幅度逐渐减小。应用对数函数对数据进行拟合回归，可以得到拟合度较好的落客区长度与通行能力关系模型（图 7-102）。

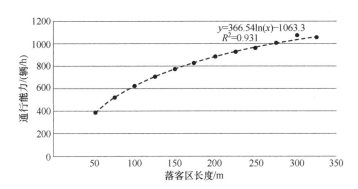

图 7-102　落客区长度与通行能力关系模型

到此，应用仿真软件开展了简单的研究。需要注意的是，这是在车辆落客时间为 30s 分布时的落客区长度与通行能力关系模型。在实际场景中，往往是多通道落客区，落客区通行能力不仅受纵向长度影响，还受到横向行人穿行干扰。同学们可以设计相应试验开展仿真模拟。

7.6.4　试验小结

本次试验结合实际问题开展应用性研究。整体来说，需要在对交通设施交通流运行特性准确把握的基础上，灵活应用软件功能开展具体仿真应用。需要强调的是，在实际应用过程中，工程实践人员需要关注交通设施运行特性、采集基本特征参数的同时也要注意仿真软件内部参数的设置，其对通行能力影响不可忽略。

另外，很多枢纽（如航空机场）往往有 2～3 条车道作为落客区，中间无物理硬隔离，最内侧车道落客停放，中间车道及外侧车道均供车辆通行，这种模式下仿真试验如何设计，需要大家探讨。

参 考 文 献

［1］张蕊. 微观交通仿真实践指南［M］. 北京：人民交通出版社，2014.

［2］孙剑. 微观交通仿真分析指南［M］. 上海：同济大学出版社，2014.

［3］秦焕美，曹静. 交通规划与仿真软件实验指导书［M］. 北京：北京工业大学出版社，2014.

［4］刘博航，安桂江. 交通仿真试验教程［M］. 北京：人民交通出版社，2015.